KB089583

1인 기업으로
다시 창업했습니다

노숙자, 신용불량자에서
첫 창업 파산 경험을 딛고
매출 10억의 성공 신화

1인 기업으로

정 민 지음

다시
창업했습니다

"1인 기업가들은 이런 책을 기다려왔다!"

창업에 성공과 실패를 가르는 43가지 통찰들

★ ★ ★ ★ ★

실패를 딛고 일어선 두 번째 도전!
재창업을 통해 인생 밑바닥을 탈출한
1인 창업 성공 스토리

Dream
콜렉스

실패를 딛고 일어선 두 번째 도전!
재창업을 통해 인생 밑바닥을 탈출한
1인 창업 성공 스토리

"1인 기업가들은
이런 책을 기다려왔다!"

정민, 그는 문화라는 그릇에 참신함과 독창성을 담아낼 줄 아는 탁월한 기획자다. 10년간 기획자로 다양한 일을 하면서 틈틈이 써 내려간 글은 1인 기업가로서의 경험적 통찰이 고스란히 담겨 있다. 이 책은 그가 경험한 모든 것을 아낌없이 쏟아부었다. 1인 기업가로 성공하고 싶다면 반드시 읽어야 한다. 혹독한 1인 스타트업 세계에서 살아남는 방법을 이 책을 통해 배울 수 있기 때문이다.

이랑주 (국내 최고의 비주얼 전략가, 위박스브랜딩 대표 《좋아 보이는 것들의 비밀》 저자)

정민, 그는 정직한 사람이다. 자신의 꿈을 정직하게 좇았고, 꿈에 도달하지 못한 채 추락한 대가를 정직하게 치르며 살았다. 강연가로서 그는 자신의 스토리로 사람들의 가슴에 용기의 씨앗을 심을 수 있기를 바랐다. 정민, 그는 순수한 사람이다. 문화기획자로서의 그의 눈은 특히 시대 밖으로 추방된 코미디의 소환을 통해 웃음이 다시 사람들의 일상에 깃드는 내일을 바라보았다. 늘 청년의 몸짓으로 매 순간 생생하게 살아온 그가 자기 자신을 녹여 빚은 글들로 꽉 채운 책을 내놓았다. 정직한 그의 용기로 독자들의 가슴이 달구어지기를, 순수한 그의 미소로 독자들의 마음이 맑아지기를, 작가 정민의 글들이 책으로서 독자들의 큰 사랑을 받기를, 나는 소망한다.

오종호 (운명경영가, 오종호운명경영연구소 소장, (주)터칭마이크 대표이사)

도전과 응전시대에 사는 우리는 삶에 대해 끝없이 도전한다. 몸이 아파 수술을 의사에게 맡길 때 이론만 아는 의사에게 수술을 맡길 수 없고, 실무만 잘하는 의사에게 몸을 맡길 수 없다. 이론과 실무를 겸비한 의사에게 수술을 맡길 것이다. 그동안 몇 차례 성공과 실패를 경험한 정민 대표가 혼을 담아 집필한 훌륭한 책이다. 예비 창업자나 창업자에게 추천하고 싶은 책이다. 훌륭한 CEO는 이론과 실무를 모두 갖춘 사람이다.

한우수 ((주)세종경영컨설팅 회장, 해운대 1인 창조기업지원센터 센터장)

모든 창업자는 수많은 시행착오를 겪게 된다. 시행착오를 줄일 수 있는 지혜를 터득해야 성공에 이른다. 이 책은 1인 창조기업을 10년 동안 운영하며 얻은 지혜와 통찰을 고스란히 담고 있다. 창업자가 겪게 될 수많은 시행착오를 기업가 정민은 온몸으로 경험했다. 체험한 사람이 쓴 글만큼 좋은 지침서도 없다. 그가 온몸으로 숙성시킨 경험적 지혜야말로 훌륭한 지침서 그 자체다. 재미있고 간결한 문체로 시행착오를 줄일 수 있는 방법들이 제시되어 있다. 만약 당신이 1인 기업가로 성공하고 싶다면 반드시 읽어보라고 권하고 싶다.

허동환 (개그맨, 1인 기업 허동엔터테인먼트 대표)

옥타곤에서는 상대 선수의 약점을 파악하며 끊임없이 움직이는 선수가 일류선수다. 이들은 공격을 눈치 못 채도록 많이 움직여 상대방의 눈을 현혹한다. 미혹한 공격을 위해 선수는 공격과 수비 스타일을 진화시킨다. 진일보된 훈련을 하기 위해서는 좋은 코치의 도움이 꼭 필요하다. 10년 동안 1인 기업을 운영한 정민 대표가 쓴 글은 1인 창업자로서는 훌륭한 코치를 만나는 것과 같다. 이 책은 1인 창조기업을 영속시키기 위한 근원적이고 실용적인 내용들로 채워져 있다. 책을 다 읽고 덮는 순간 1인 창조기업가로 성공할 수 있는 실마리를 얻게 되리라 믿어 의심치 않는다.

윤형빈 (개그맨, 격투기 선수, 윤소그룹 대표)

경제위기 시대에 대안이 될 새로운 비즈니스가 1인 기업이다. 1인 기업이란 특정한 기업에 얽매이지 않고 개인이 경제적 안정을 확보하며 여유롭게 살아갈 수 있는 비즈니스를 뜻한다. 누구든 창조적 아이디어만 있으면 1인 기업으로 성공할 수 있다. 이 책은 정민 대표가 10년 동안 1인 기업을 운영하면서 직접 겪었던 생생한 경험과 체험을 솔직하게 고백하는 책이다. 그래서 독자들은 살아 있는 1인 기업 현장을 눈으로 본듯한 느낌이 들 수 있다. 일목요연하게 정리한 이 책을 1인 창조기업으로 출발하기 전에 한 번쯤 먼저 읽어보라고 권하고 싶다.

김명호 ((전)한국 경영기술지도사회 부산지회장, 크로스비즈 1인 창조기업지원 센터장)

8년 전, 해운대 1인 창조기업 지원센터 실장으로 있을 때 재창업한 기업가를 만났다. 그리고 입주 2년 만에 매출 10억을 달성했다. 그가 정민 대표다. 기업가로서 성실함은 큰 무기다. 10년 가까이 창업기업을 도와주는 일을 하면서 성공하는 기업들을 많이 봐왔다. 그들은 성실함과 겸손함이 있었다. 나는 그가 성실함을 겸비한 겸손한 기업가라고 감히 말할 수 있다. 아직 그의 성실함을 접하지 않았던 분들이라면 반드시 읽어보라고 권하고 싶다. 성실함이 성공의 근원적이라는 사실을 이 책을 통해서 알게 될 것이다.

김은희 (크로바에듀 공유연구소 소장)

언젠가부터 1인 기업가들이 세상을 주도하기 시작했다. 그 중심에는 잡스가 있다. 난 정민 대표를 '잡스'라 부른다. 10개의 직무를 가졌기에 十(십)잡스라 부른다. 그런 그가 1인 기업가들을 위한 매뉴얼과 같은 책을 내놓았다. 十(십)잡스가 새로운 타이틀을 하나 더 추가하게 되었다. 이 책은 1인 기업을 운영하면서 경험한 다양한 것들이 담겨 있다. 읽다 보면 생존과 성공의 길이 보인다. 창업한 기업가나 준비 중인 예비 창업자들이 필요할 때마다 유용하게 활용할 수 있는 훌륭한 매뉴얼 북이 될 것이다.

강인준 (부산대학교 사회 환경시스템 공학부 명예교수)

1인 창조기업의 성공을 위한 가이드북이 출간됐다. 1인 창조기업을 하고자 하는 사람에게 창업을 통한 성공이 무엇인지, 성공하기 위해서는 무엇을 추구해야 하는지 자기 경험을 바탕으로 전미개오(轉迷開悟)의 길을 이끌어 주는 책이다. 껍질에 갇히지 말고 스스로 중심을 세워라. '성공과 실패를 가르는 43가지 통찰' 기꺼이 함께 해 보길 권해본다.

한동훈 (경영학박사, 경주시 도시재생 지원센터장)

실패의 자산은 성공을 위한 소중한 경험이다. 바둑에서 복기하는 것은 승리의 능력을 상승시키기 위함이다. 실패를 다시 한번 살펴보는 것은 심적으로 힘든 일이지만, 정민 대표와 같은 시기에 창업했던 나로서는 긍정적인 사고를 하고 실패를 딛고 다시 도전하는 모습은 사업가로서의 큰 자산이 된다고 믿고 있다. 짐 콜린스와 모튼 한센의 저서 《위대한 기업의 선택》에는 총 쏘고 대포 쏘기라는 주제가 나온다. 한 번의 큰 성공보다 일관성 있는 작은 행동으로 부족한 점을 개선할 때 기업이 생존과 성공의 길로 갈 수 있다는 사실을 이 책을 통해서 다시 한번 확인할 수 있었다. 정민 대표의 책을 창업 기업의 빛과 소금이 될 소중한 간접 경험으로 추천한다.

류현제 (로봇공학박사, 부산로봇산업협회 사무국장)

1인 스타트업의 생존과 성공은 운영 기술에 있다

이 책을 내겠다는 생각은 영화 〈싸움의 기술〉을 다시 보면서부터였다. 영화 속 오판수(백윤식)는 묵직한 음성과 매서운 눈빛을 가진 은둔의 고수다. 싸움 고수답게 조용히 상대를 제압한다. 그가 알려주는 싸움의 기술은 이렇다. 하체 근육 강화를 위해 빨래를 꾹꾹 힘주어 밟는다. 싸움에 사용되는 근육은 따로 있기 때문이다. 동전도 큰 무기다. 잘 던지면 치명타를 입힐 수 있다. 심리전도 중요하다. 상대방이 뭘 원하는지 읽어야 한다.

싸움을 잘하는 사람은 안 싸운다. 싸우지 않고 이기는 것이 진정한 고수다. 만약 한판 뜨겠다고 마음먹었다면 맥주병 깨며 겁주는 기술도 필요하다. 주먹 좋다고 싸움 잘하는 것이 아니다. 싸울 때 가장 중요한 건 거리다. 적당한 거리에서 날린 한 방의 주먹이 상대방을 꼼짝 못 하게 만든다. 많이 맞는 것도 싸움에 도움이 된다. 많이 맞아본 경험이 있으면 상대의 자세만 봐도 어디를 때릴지 직감적으로 안다. 그곳만 방어해도 맞아 쓰러질 일 없다. 영화를 보는 내내 오판수 같은 고수에게 싸움의 기술을 제대로 배우고 싶다는 생각이 들었다. 아주 위급한 상황에서 나를 지키고 위험에서 벗어날 수 있게 보였기 때문이다.

나의 첫 창업은 1997년 IMF 사태가 터질 무렵이었다. 다들 위기가 기회라고 했다. 그 말이 맞았다. 성공한 소호 창업가로 각종 미디어에 소개가 되면서 매출도 꽤 괜찮았다. 사업 아이템 덕분인지 티브이에서나 보던 보던 유명인을 가까이에서 보게 되었고, 어쩌다 방송까지 하게 되었다. 그즈음 닷컴 버블이 정점에 달했지만, 상황은 좋아졌다.

2000년 1월 파트너사로부터 1억 원을 투자받았다. 그때든 생각은 여느 벤처기업들처럼 계속 성장할 것 같았고, 큰돈을 벌 것만 같았다. 긍정적인 생각을 하면 행동을 하게 만든다. 투자금과 함께 여기저기서 돈을 끌어다 무리하게 사업을 확장했다. 예상은 맞은듯했다. 기술력 있는 업체와의 합병과 함께 서울 테헤란로에 입성하게 되었다. 하지만 채 2년을 버티지를 못하고 사업을 접어야 했다. 결국 그것이 덫이 되고 말았다. 모든 것을 잃고, 빚을 갚기 위한 처절한 몸부림이 그때부터 시작됐다.

시간이 한참 흐른 후, 2012년 다시 창업하기로 마음먹었을 때 '잘나가던 첫 사업이 왜 실패했을까?'라는 질문을 그제야 자신에게 하게 되었다. 그때 얻은 해답은 역량과 기술 부족이라는 사실이었다. 기회가 되면 역량과 기술을 습득하고 싶었다. 그리고 영화 〈싸움의 기술〉에 오판수 같은 은둔의 고수가 되고 싶은 마음도 생겼다.

    지난 10년간 1인 창조기업가로 수많은 창업가를 만났다. 그들은 젖먹던 힘까지 동원해 성공을 꿈꾸는 사람들이다. 그들을 대상으로 창업기업의 운영 기술과 전략을 강의하기도 했다. 때론 실패를 후유증 없이 극복하는 방법도 알려주었다. 실패를 통해 교훈을 얻은 사람은 낭패의 순간을 직감적으로 안다. 혜안은 경험을 통해서 생기게 마련이다.

    주야장천 꾸역꾸역 일을 만든다는 마음으로 한 해 두 해 넘기다 보니 어느덧 10년이 흘렀다. 그 기간에 기업 3개를 창업해 존속시켰다. 시간이 갈수록 경영에 관련한 경험이 쌓이고 사업에 필요한 기술을 체득하게 되었다. 이 책은 그런 것에 관한 지극히 현실적이고 경험에 관한 기록이다. 정보만 나열한 것이 아니라 체험 그 자체에 관한 이야기다. 혹자는 "네가 무슨 창업에 관련된 조언이냐?"라고 할 수도 있겠지만, 실패의 경험을 통해 안목과 눈썰미가 생겼다. 그 과정에서 경영 기술과 힘도 조절하게 되었다.

    "힘 빼고 그냥 잘해라! 그래야 오래간다." 이 말은 내가 창업 관련 강의 중에 입버릇처럼 하는 말이다. 성공하기 위해 너무 잘하려 하면 욕심과 함께 엉뚱한 곳에 힘이 들어간다. 때론 성공의 기미가 보이는 순간 기력이 욕심으로 변한다. 욕심은 욕망과 집착으로 바뀌게 된다. 기업가의 욕망은 기업을 성공으로 이끌어 주기도 하지만 강한 욕망은 실패를 부르기도 한다. 이를 막기 위해서는 너무 잘하려 하면 안 된다. 그냥 잘하면 된다. 실수도 하고, 넘어지기도 하면서 한 발 한 발 나가면 된다. 너무 잘하려는 것과 그냥 잘하는 것과 차이는 바로 힘에 있다.

'힘'의 사전적 의미는 '어떤 일을 할 수 있는 능력이나 역량'이다. 하지만 사전적 의미만 있는 것이 아니다. 힘은 긴장하는 상태를 일컫는 것이기도 하다. 어느 정도의 긴장은 득이 되지만 과도한 긴장은 오히려 독이 된다. 힘을 빼면 긴장감이 줄어든다.

"너무 잘하려고 하지 말고 그냥 잘하자. 넌 너무 잘하려고 해서 그렇게 맨날 힘든 거야." 이 말은 야구 세계를 그린 드라마 〈스토브리그〉에서 투수 장진우가 후배 유민호 투수에게 조언하는 장면 속 대사다. 대사 속뜻은 긴장하지 말고 욕심을 부리지 않으면 공을 더 잘 던질 수 있다는 말이다. 욕심이 생기면 스트라이크보다 볼을 더 많이 던질 확률이 높다. 몸에 긴장과 함께 힘이 들어가기 때문이다.

운동하다 보면 "힘 빼라."라는 말을 수도 없이 듣게 된다. 그래야 기술이 제대로 걸린다. 야구뿐 아니다. 탁구를 배울 때 가볍게 공을 넘기면 되지만 손에 힘이 넘쳐서 점수를 잃는 경우가 있다. 골프도 마찬가지다. 채를 가볍게 쥐고 힘을 뺀 후 어깨 스윙만으로 쳐야 한다. 살다보면 힘 빼고 행동할 때 더 나은 결과로 이어지는 경우가 있다. 굳이 이이야기를 하는 이유는 첫 창업의 성공으로 인해 힘이 너무 들어가 사업에 필요한 기술을 제대로 발휘하지 못했기 때문이다.

창업 성공의 핵심은 생존이다. 생존해야 성장과 함께 성공도 따라온다. 오래 존립하는 것이 우위에 있어야 가능한 일이다. 창업하는 사람모두가 성공하고 싶어 한다. 두 번째 창업하면서 깨달은 것이 있었다.

돈을 많이 버는 것이 성공이 아니라 업을 오래 존속시키는 것이 성공이라는 사실이다. 내가 이 책을 쓴 이유는 명확하다. 나 역시 기업을 오래 존속시키는 기업가가 되고 싶다는 것이다. 성공하는 기업가들도 처음에는 부족하게 출발했다. 운영 능력과 역량도 부족했다. 그러나 생존하면 할수록 다양한 역량과 기술을 익히게 된다. 필요에 따라 힘도 조절할 수 있다. 부인할 수 없는 사실이다. 이것이 내가 주고 싶은 메시지다.

2장

1인 기업가, 그들의 성공 기술

3장

1인 기업가, 그들의 성공 자세

4장

1인 기업가, 그들의 생존법

에필로그

실패 없는 성공은 없다

1

하필

왜

1인 창업인가?

위기는 기회다

"귀 막고 1년, 눈 막고 3년, 입 막고 5년만 버텨라!", 건설회사에 갓 입사한 나를 진정한 건설 역군으로 키우겠다고 한 첫 사수의 말이다. 그의 말에 의하면 1년, 3년, 5년 차에 위기가 온다고 한다. 이때가 가장 힘들 시기니 잘 넘겨야 한다고 했다. 직장 생활을 하면 할수록 사수의 말은 옳았다.

1년 차에 직장을 그만두는 사람이 많다. 동기 중에도 몇 명은 이때 사표를 냈다. 적성에 맞지 않아서, 상사에게 불만이 있어서 이유도 여러 가지였다. 아이러니한 것은 그렇게 핏대를 세워가며 말한 말한 첫 사수도 2년을 넘기지 못하고 사표를 던지고 퇴사했다.

어설픈 사회 초년생이 사수 없이 일한다는 건 나침반 없이 항해하는 것과 같다. 맨땅에 헤딩하듯 3년을 버텨냈지만 결국 힘들어서 회사를 그만두게 되었다. 다시 토목 회사에 입사했지만 3년 차에 IMF 외환위기라는 큰 위기가 왔다. 경제 환란의 희생자들은 여기저기서 발생되었다. 그즈음 난 다시 과감히 사표를 던졌다.

사실 위기(危機)라는 단어에는 "위기가 있으면 기회도 있다."라는 뜻도 포함되어 있다. 하지만 평범한 생활을 안주하는 사람들에게 위기는 절대적 위험함이다. 특히 IMF 외환위기는 직장인에게는 위태로움 그 자체였다. 하지만 이런 환경에도 누군가는 위기와 맞서서 판세를 뒤집는 사람들이 있다. 그들은 위기 속에 기회를 발견한 사람들이다.

테라로사의 김용덕 대표가 그런 사람이다. IMF 외환위기 때 여기저기서 명예퇴직 바람이 불었다. 20여 년을 성실하게 근무한 은행에 그는 과감히 명예퇴직을 신청했다. 한창 일할 나이에 여행이나 하면서 남은 인생 하고 싶은 일을 하겠다니 미치지 않고서는 있을 수 없는 일이다. 그렇게 사표를 내고 유유자적하면서 커피에 관심을 가지게 되었다. '공장형 커피숍'이란 콘셉트를 내세운 테라로사는 그렇게 탄생한 것이다.

"커피가 운명적으로 다가왔다. IMF 때 은행을 그만둔 것은 가장 큰 행운 중 하나였고, 커피를 만난 것은 나를 변화시킨 근본적인 요소 중 하나였다."라고 그는 어느 언론인터뷰에서 말했다. 어려운 상황이 그의 인생을 완전히 바꿔놓았다.

서정진 셀트리온 회장도 마찬가지다. 내가 그들 만난 건 대우에 입사했을 당시 신입사원 교육에서다. IMF 외환위기로 인해 대우그룹이 해체되면서 직장을 그만둔 그가 3년 뒤 옛 동료와 세운 회사가 셀트리온이다. 그는 위기에서 새로운 가능성에 주목했기에 지금 세계적인 (바이오시밀러(biosimilar)란 동등생물의약품이라고도 불리며, 특허가 만료된 바이오의약품에 대한 복제 약만을 칭한다.) 기업의 총수가 될 수 있었다.

나 역시 그렇다. 평생직장을 꿈꾸지는 않았지만, 고졸 출신의 공돌이보다는 삶이 나아지겠다는 생각은 늘 가지고 있었다. 사람의 마음은 변한다. 직장을 다니면서 생각이 변하기 시작했다. 소호(SOHO:Small Office Home Office) 창업에 관심을 가지게 된 것이다. 당시 집이나 작은 사무실에서 인터넷을 비롯한 다양한 아이디어로 사업을 하는 사람들이 생겨나기 시작했다. 그들을 '소호족'이라 불렀다. 지금의 1인 창조기업과 같다.

내가 정보제공 사업(IP: Information Provider)에 관심을 두게 된 것은 건설 현장에서 근무할 당시 책상에 있던 컴퓨터 때문이었다. 업무용이었지만 때론 지극히 개인 용도로 사용하기도 했다. 스타들의 패션을 소개하는 동호회 시숍 활동이었다. 그때나 지금이나 10대들은 연예인들의 패션에 관심이 많다. 천리안에서 〈스타 패션 따라잡기〉란 서비스가 성공한 원인이 그 때문이다.

동호회 시숍으로 있을 때 "가수 유승준의 은색 셔츠를 구할 수 없을까요?"라는 메시지가 왔다. 1997년 화려하게 데뷔했던 그의 패션과 헤어스타일이 그해 유행하기 시작했다. 팬들은 자기가 좋아하는 가수를 열성적으로 아끼고 사랑하는 마음이 있다. 동시에 그들의 사소한 것까지도 갖고 싶어 하는 욕망도 함께 공존한다.

메시지를 받고 얼마 후 그가 소속되어 있는 기획사 전화번호를 어렵게 알아내 담당자와 통화를 했다. 무대 의상을 사겠다는 말에 실장은 만나서 이야기하자고 했다. 며칠 뒤 청담동에 있는 기획사 사무실을 찾아갔다.

실장이자 매니저가 꺼낸 말은 소속 가수가 휴식기에 들어간 터라 무대 의상들이 필요 없다고 했다. 그 말에 의상 몇 벌을 손에 쥐게 되었다. 기획사 대표와 매니저들을 만날수록 의상에 대해 고민하고 있다는 것을 알게 되었다. 무대 의상은 일반 옷과는 달리 화려하다. 활동 시기가 끝나면 재활용하기도 하지만 폐기처분 하는 경우가 대부분이다. 무대 의상은 가수의 시그니처와 같다. 무대 의상에 관심을 두게 된 것이 그때부터였다.

1998년 1월 잘 다니던 회사를 과감히 그만두었다. 퇴직금으로 받은 300만 원으로 데이터 뱅크(data bank)라는 정보제공 회사를 설립했다. 동호회 활동하면서 알게 된 기획사와 무대 의상 구매 계약을 맺고 탄생한 것이 〈스타 소장품〉 정보였다.

IMF 시기에 회사를 그만둘 때 입사 동기들은 미친놈이라 했다. 그도 그럴 것이 안정된 직장을 스스로 그만둔다는 것은 미치지 않고서야 할 수 없는 일이다. 만약 그때 사표를 내지 않았다면 어땠을까? 대부분 입사 동기들은 몇 년 지나지 않아 자의든 타의든 회사를 떠나게 되었다. 나 역시 그들과 같은 처지에 놓였을 거다. 그들보다 빠른 판단 덕에 새로운 기회를 볼 수 있었다. 때로는 위기를 맞는 순간 새로운 기회의 순간도 찾아온다.

성공한 기업인의 강연회에 간 적이 있었습니다. 그는 강연 끝에 젊은 이들에게 "위기에 맞서라."라는 말을 했습니다. 그의 말을 듣고 '위기에 맞서는 사람이 얼마나 있을까?'라는 생각이 들었습니다. 우리가 상상하는 대로 살아가지 못하는 것은 현재 안정된 삶이 무너질까 하는 두려움이 있기 때문입니다. 시간과 비용을 들여 위기에 맞서다 모든 것을 잃게 될까 봐 주저하고 있는 것입니다. "위기 뒤 기회, 기회 뒤 위기." 스포츠 경기에서 정설처럼 전해지는 말입니다. 위기를 잘 넘기면 다음 공격 때 득점 기회가 찾아오지만, 득점 기회를 놓치면 상대 팀에게는 기회가 되어 위기를 겪게 됩니다.

펭귄 무리를 자세히 보면 바다에 뛰어들기 전 서로 눈치를 봅니다. 그러다 한 녀석이 뛰어들면 나머지가 동시에 바다로 뛰어듭니다. 펭귄이 주저하는 이유는 천적 때문입니다. 섣불리 뛰어들었다가는 천적인 물개나 바다표범에게 잡아먹힐 수도 있기 때문입니다. 하지만 펭귄은 배고픔을 해결하고, 생존하기 위해서 바다에 뛰어들어야 합니다.

펭귄들은 한 마리의 용기 덕에 굶주림을 해결할 수 있는 것입니다. 창업도 이와 다르지 않습니다. 피치 못할 상황에서는 위기가 있기 마련입니다. 그 순간 '주저앉을 것인가? 돌파할 것인가?'를 놓고 고민하게 됩니다. 1인 창업을 하고자 하는 이에게 가장 필요한 능력은 위기 앞에서 정면승부를 할 수 있는 용기입니다. 위기에서 건질 수 있는 가장 큰 선물은 자신에게 기회와 도전을 주는 것이기 때문입니다.

세상은 반전에
열광한다

영화 〈유주얼 서스펙트〉에서 경찰 조사를 받던 버벌(케빈 스페이시)이 경찰서를 나서자 절던 다리가 서서히 정상적인 걸음으로 바뀌는 장면이 나온다. 여태껏 그가 한 증언은 모두가 지어낸 거짓이었음을 알게 된 순간이다. 그 장면을 본 관객들은 하나같이 입을 모아 "저 사람이 범인이었어?"라고 말했다. 영화는 이 장면으로 관객들의 뒤통수를 제대로 한 방 후려쳤다.

스릴러, 공포, 범죄 영화를 선택하는 관객들은 은근히 반전을 기대한다. 관객들이 생각하고 예측한 것을 일순간에 모두 깨버리는 매력이 반전에서 나오기 때문이다. 반전을 끌어내기 위해 감독은 엄청난 고민을 한다. 그 덕에 관객들은 무릎을 '탁' 치며 영화에 열광한다. 반전이 나오길 기대한 영화가 반전 없이 끝나면 왠지 밋밋하다. 진한 아쉬움도 남는다.

인생도 마찬가지다. 크든 작든 반전이 있어야 더 극적이다. 반전 없는 인생은 재미없다. 몇 년 전 강연 프로그램에서 어느 가수의 강연을 들었다. 2003년에 데뷔한 〈더 크로스〉의 리더 김혁건이다. 극강의 고음으로 부른 〈Don't Cry〉를 히트시켰던 그가 교통사고로 사지 마비 장애 판정을 받게 되었다. 뿐만 아니라 폐활량도 떨어졌다. 배에 힘이 들어가지 않아 복식호흡도 불가능했다. 가수로서 인생은 끝났다.

하지만 우연히 아버지가 큰 소리를 내라고 누른 배에 음이 올라가는 것을 알게 되었다. 그 후 병원 주차장에서 매일 아버지와 함께 배를 눌러가며 애국가를 불렀다. 불가능했던 복식호흡을 조금씩 할 수 있게 되었지만, 노래를 부르기에는 부족했다. 이후 복부 압력 장치가 달린 휠체어를 통해 다시 노래를 부를 수 있게 되었다. 불가능할 것 같은 일을 가능하게 만들어 낸 가수의 인생 반전 이야기는 많은 이들에게 희망을 전해주기엔 충분했다.

반전의 기회는 인생에서 무엇인가를 다시 시작할 수 없는 지점에서 찾아온다. 예를 들면 완전히 끝나버린 관계, 타이밍을 놓쳐 영영 손댈 수 없게 돼버린 일, 그리고 밑바닥이다. 그중 밑바닥은 누가 봐도 분명히 '게임 오버'인 지점이다. 더 물러설 곳도, 갈 곳도 없는 절망적인 곳이다. 하지만 바닥을 치고 솟아오르겠다고 마음먹는 순간 최고의 반전은 일어난다. 인생의 밑바닥은 삶의 반전이 득실대는 곳이다. 박차고 솟아오를 강력한 힘이 모여 있는 곳이다.

나 역시 사업 실패로 '인생 끝났다.'라는 생각이 들 만큼 무너졌다. 신용불량자, 노숙자의 삶은 막다른 인생 그 자체였다. 더욱 힘들게 한 것은 9억이라는 채무다. 삶을 포기할 정도로 절망적인 채무였지만 해결해야만 했다. 과정은 쉽지 않았다. 하루 중 절반 이상을 일에 매달렸고, 버는 돈 모두 빚 갚는 데 썼다. 삶은 피폐해졌고 여유는 없었다. 8년간 한눈팔지 않고 피나게 노력했다. 주위에선 불가능에 가깝다고 했다. 포기하고 법적 조언을 받으라는 말도 했다. 가능성 하나 없는 상황이지만 노력하기로 마음먹었다. 빚 갚기 위한 노력이다. 인생 반전은 빚 갚는 과정에서 일어났다. 반전은 누구에게나 일어날 수 있다. 일으키겠다는 마음만 있으면 가능하다.

릴케는 저서 《젊은 시인에게 보내는 편지》에서 이렇게 말했다. "절망은 파괴자가 아니라, 가장 훌륭한 친구로 변할 날이 올 것이다. 절망은 삶을 구축하는 데 현명한 친구가 되어준다." 절망에 처한 이에게는 오히려 무용한 역설일 수 있다. 하지만 릴케가 말하고자 한 것은 절망한 곳, 바로 그 지점에서 다시 일어나야 한다는 말이다. 그래야 반전을 만들 수 있다. 그렇다면 반전을 만들기 위해서는 어떻게 해야 할까? 나는 이렇게 반전을 만들어 냈다.

우선 힘을 길러야 한다. 힘이 있으면 활력이 생긴다. 활력이 생기면 도전할 수 있는 기력이 솟는다. 충격을 받은 후에 회복하지 못하고 무너지는 이유는 기력이 없어서다. 힘이 없어 체력이 버티지 못하면 게으르거나 나태해진다. 의욕이 없어 도전은 꿈도 못 꾸게 된다. 모든 일에 포기가 일상생활이 되어버린다. 하지만 힘이 있으면 엎치락뒤치락하며 꿈틀거릴 용기가 생긴다.

그리고 준비해야 한다. 노력하는 사람은 즐기는 사람을 이길 수 없다. 하지만 즐기는 사람을 이기는 사람이 있다. 준비된 사람이다. 준비되어 있다는 것은 무엇인가를 끊임없이 배웠다는 것이다. 반전의 기회는 언제, 어떻게, 어디서 올지 아무도 모른다. 예고 없이 찾아오는 것이 반전의 매력이다. 준비된 사람만이 자신에게 온 기회를 포착해서 반전의 계기를 만들 수 있다.

마지막으로 부정을 부정해야 한다. 반전은 어려운 일이다. 때로는 불가능에 가까울 수도 있다. 그런 상황을 인식하다 보면 '나는 안 돼, 이건 할 수 없어.' 식의 부정적인 생각이 든다. 그럴수록 긍정적으로 생각해야 한다. 반전을 만들어 낸 사람은 현 상황을 심각하게 받아들이지 않는다. 얼마든지 할 수 있다고 생각하기 때문이다. 부정을 부정해야 반전의 기회를 만들 수 있다.

반전을 만들어 내는 것은 철저히 자신의 몫이다. 누구도 대신해 줄 수 없다. 스스로 변해야 가능한 일이다. 변하지 않으면 기회가 와도 만들 수 없다. 변화를 받아들일 마음이 있는가? 사람들이 반전을 만들어 내지 못하는 이유는 변화를 두려워하기 때문이다. 늘 생활하던 대로 사는 것이 익숙해져 있기 때문이다. 하지만 변해야 반전을 통해 역전할 수 있다.

세상은 '그럼에도', '불구하고'에서 반전을 꾀하는 사람들에게 열광하고 주목한다. 그들은 한계를 비전으로 만들어 내기 위해 노력한 사람들이다.

당신은 어떠한 노력을 하고 있는가? 변화를 두려워하는가? 더 나은 삶을 원하는가? 하루하루 주어진 일에 최선을 다하는가? 어려운 상황을 해결해 본 경험은 얼마나 되는가? 반전을 만들어 낼 준비는 항상 되어 있는가? 늘 이런 질문을 던지고 매일매일 새로운 방법과 길을 찾아야 한다.

반전으로 역전하라!

〈Tip & Talk〉

밑바닥을 전전하던 내가 '지금 하던 일이나 하며 빚만 갚고 살자.'라고 생각하고 스스로 변화를 주지 않았다면 반전을 통한 짜릿한 스릴감을 느껴보지 못했을 겁니다. 지금보다 더 나은 인생을 만들겠다고 결심했다면 최대한 노력해야 합니다. 뜻이 있으면 길이 있고, 의욕이 있으면 얼마든지 방법은 있기 때문입니다.

반전은 창업가에게 꼭 필요한 카드입니다. 하지만 반전은 그냥 얻어지는 게 아닙니다. 다양한 경험적 통찰이 있어야 급반전이 일어납니다. 기업을 운영하다 보면 다양한 경험을 하게 됩니다. 그 속에서 반전을 만들어 낼 기회는 얼마든지 있습니다. 구매하지 않을 고객에게 구매토록 하는 것도 반전이 있어야 가능합니다. 반전을 통해서 고객이 예상치 못하는 곳에서 탄성을 불러일으키게 해야 합니다. 그렇게 날마다 반전을 찾기 위해 끊임없이 고민하고 경험해야 합니다. 그러다 보면 어느 순간 역전이 일어납니다.

스토리는
경쟁력이다

난 가끔 저자를 만나 책에 사인과 함께 증정사를 받는다. 하얀 간지에 써진 짧은 텍스트의 내용은 이렇다. '이제 당신의 이야기가 세상에 나올 시기가 되었습니다.' 혹은 '당신의 이야기를 많은 사람에게 들려주세요.' 그들과 친분이 있어 나를 잘 알고 있기에 대중에게 알리고 싶어 하는 희망이 담겨 있다. 저자의 증정사는 인쇄된 텍스트와 달리 손으로 직접 쓴다는 점에서 소망이 담긴 말을 쓰는 경우가 많다. 그들은 나를 강연가로 만나길 원한다. 그래서인지 그런 증정사가 지금 하는 일과 무관하지 않다. 이렇듯 증정사 글귀가 한 사람의 인생을 바꿔놓기도 한다.

프랑스의 초현실주의 시인인 기욤 아폴리네르가 시인 필립 수포에게 써준 증정사가 대표적이다. 아폴리네르가 시집 《알코올》을 출간하고 시인 지망생이었던 필립 수포에게 '시인 필립 수포에 드림.'이라는 짧은 글귀를 썼다. 시인이 된 수포는 훗날 이렇게 얘기한다. "아폴리네르가 나를 시인으로 불러주었기 때문에 시인이 될 수 있었다."

몇 년 전부터 강연 프로그램들이 인기가 있다. 그 이유는 경험을 통한 인생 역전의 스토리를 읽고 싶어서다. 강연 프로그램뿐만 아니라 오디션 프로그램 역시 참가자들의 힘든 인생사의 이야기를 담고 있다. 좌절하지 않고 자기만의 길을 걸어온 이야기는 보는 이들의 가슴을 움직이게 한다. 환경에 굴하지 않고 자기 삶을 극복한 사람에게 공감의 박수를 보낸다. 삶을 진정성 있게 살아내는 스토리는 대중을 집중하게 만든다.

나는 1인 기업을 운영하면서 다양한 일을 한다. 때론 대중 강연을 하기도 하고 이를 바탕으로 강연을 만들기도 한다. 강연을 기획하다 보면 강연자의 인생 이야기를 듣게 된다. 그들은 다양한 이야깃거리를 가지고 있다.

스토리가 많다는 건 경험이 많다는 거다. 쌓인 경험들이 통찰로 변할 때 듣는 이로 하여금 마음을 움직이게 한다. "당신의 스토리는 아주 매력적입니다." 이 말은 모 업체가 기획한 강연 공모에 응모했을 때 강연 프로듀서에게 들었던 얘기다. 나의 인생 여정이 매력적인 이유는 실패를 통한 다양한 경험을 했기 때문이다.

스토리는 강사들에게만 중요한 것이 아니라 기업 IR(Investor Relations) 현장에서도 중요하다. 비슷한 아이템을 창업한 두 팀이 자신들의 아이디어를 소개하고 투자를 요청했다. 그중 한 팀이 투자자들의 마음을 움직이게 했고, 투자까지 얻어냈다. 그들은 이런 서비스가 왜 필요한지, 얼마나 유일한 서비스인지, 어떤 규모의 시장성을 가졌는지에 관하여 이야기하지 않았다. 창업에 관한 과정이나 아이디어에 관한 자기 경험을 이야기했다.

설득력 있는 배경 이야기는 투자자들의 마음을 열게 한다. 그들이 감탄하면서 듣게 되는 순간 투자는 이루어진다. 물론 제품의 우수성이나 시장 규모가 뒷받침되어 준다면 금상첨화다. 비단 투자에 관한 활동뿐만 아니다. 창업한 경영자의 인생과 그가 가진 생각이 기업의 가치와 만나는 순간 무엇으로도 대체할 수 없는 브랜드가 만들어진다. 그러한 브랜드는 기업과 제품을 홍보하는 최고의 수단이 되기도 한다.

미국 패션업계에서 가장 강력한 브랜드를 탄생시킨 내스티 갤(Nasty Gal)의 창업자 소피아 아모루소(Sophia Amoruso)는 성공한 기업가다. 패션 리더로서 젊은 여성들 사이에 워너비로 꼽히기도 한다. 사람들이 그녀의 성공에 열광하는 이유는, 스토리 때문이다.

그리스계 미국인 가정에서 태어난 그녀는 10살 때 부모님이 실직했었다. 가정형편이 어려워 사립학교인 가톨릭 학교에서 공립학교인 일반 학교로 전학을 갔다. 생계유지를 위해 새벽에 일어나 신문을 돌렸고, 샌드위치 체인점에서 샌드위치를 팔았다. 그렇게 일했던 매장만 10개가 넘는다. 먹을 것이 없어 쓰레기통을 뒤지는 일도 있었다. 게다가 어렵게 들어간 대학도 중퇴했다.

그 나이에 다들 그러하듯 패션에 관심은 많았지만, 돈이 없어 늘 저렴한 빈티지 옷을 즐겨 입었다. 더 싼 빈티지 옷을 구하기 위해 여기저기 돌아다녔다. 그렇게 시작했던 일이 연간 2,500억의 순수익을 올리는 온라인 패션 기업이 되었다. 이러한 스토리는 젊은 여성들에게 매력적으로 다가가 무한한 지지를 받게 된 것이다.

1인 기업으로 출발해 지금은 3개의 계열사를 운영하는 네트론의 우성민 대표도 스토리로 주목받은 사람이다. 그는 3번의 사업 실패로 신용불량자가 되었다. 살아갈 일이 캄캄하던 차에 취직의 기회가 왔다. 그렇게 시작된 직장 생활은 7년간 세 군데 회사로 이어졌다. 관리 업무부터 장비 조립 및 설치 특허등록 업무, 대출 업무, 월급쟁이 사장 등 다양한 분야에서 일했다.

그는 일하면서 "왜 사업에 실패한 사람들이 생길까?"라는 질문을 계속했다. 그는 7년간 거래처 업체들을 보면서 해답을 찾고자 노력했다. 해답을 찾았을 때 비로소 네 번째 사업을 하게 되었다. 경험에서 얻은 해답으로 온라인 쇼핑몰과 코스메틱, 가구, 케이터링에 이르기까지 다양한 기업 브랜드를 만들어 냈다. 현재 그는 마케팅과 영업 관리 전략 전문가로도 활동하고 있다.

스토리가 경쟁력이 있으려면 얼마나 많이 경험했느냐이다. 여러 형태의 경험한 산물들이 내 안에 축적되면 강력한 브랜드가 된다. 1인 창업가에게 개인 브랜드는 성공을 가져다줄 담보물이다. 오직 자신만이 가질 수 있는 스토리가 창업 시장에서는 더 주목받는 이유다. 당신은 어떤 스토리를 가지고 있는가?

사업에 실패하고 택배 일을 할 때였습니다. 분기마다 워크숍을 가졌는데 그때 처음으로 강연하게 되었습니다. 워크숍 마지막 날 '당신의 이야기를 들려주세요.'라는 짧은 강연 대회가 그것입니다. 대상을 배출한 지사에 상금 100만 원을 지급한다는 말에 지사장 추천으로 나가게 되었습니다. 강연 행사가 마무리될 즈음 사장이 다가와 손을 잡으며 이런 말을 했습니다. "당신의 이야기 잘 들었습니다. 많은 동료에게 힘이 될 것입니다." 경험에서 나오는 이야기가 변화를 끌어낸다는 것을 알게 되었습니다.

실패로 인한 고난과 역경의 스토리는 나를 더욱더 흥미로운 사람으로 만들어 주었습니다. 그것을 통해 강연가라는 삶도 살 수 있었습니다. 얼마 전 처음으로 나의 이야기를 한 그 자리에서 강연하게 되었습니다. 예전의 택배 회사는 이미 사라지고 없었지만, 또 다른 택배 회사의 지사장들이 있었습니다. 강연이 끝나고 "선생님 강연 덕에 힘이 생겼습니다."라고 이야기했을 때 그들의 마음을 읽을 수가 있었습니다. 그리고 그들도 내가 느꼈을 새로운 힘이 자신에게도 있음을 곧 알게 될 것입니다.

깡은 훌륭한
사업 밑천이다

사업하다 망해 택배 일을 하게 되었을 때 김 소장을 만났다. 그는 나에게 이런 말을 했다. "택배 일은 밑천 없이 할 수 있지만, 깡 없이 하기 힘든 일입니다. 새벽 5시부터 엄청난 양의 택배 물건을 분류해서 매일 150곳 이상을 배달해야 겨우 먹고 삽니다. 명절이 다가오면 두 배로 일이 늘어납니다. 배달하기 위해서 발에 땀이 나도록 뛰어다녀야 합니다. 엘리베이터가 없는 빌라에 무거운 것을 배달하고 나면 이 일을 하게 된 것에 후회가 들기도 합니다. 점심은 거르기 일쑤요, 저녁은 건너뛰어야 새벽 시간 안에 배달을 마칠 수가 있습니다. 그러니 웬만한 깡다구 없이는 하기 힘든 일입니다." 택배 일을 처음 시작한 날 그의 말을 이해했다.

그리고 어머니 생각이 났다. 어머니는 이혼하고 맨몸으로 아이 셋을 키웠다. 주위에서 그런 모습을 보고 붙여준 별명은 '깡순이'다. 초등학교 입학 전의 어린 자녀를 혼자 힘으로 키우기란 쉽지 않은 일이다. 더욱이 자녀 양육에 관한 어떤 도움도 이혼한 남편으로부터 받지 못했다.

그런데 참으로 이상했다. 경제적 빈곤은 있었지만, 초등학교 시절 사진은 느낌이 완전 달랐기 때문이다. 동생들과 옷 입은 모습은 세련됐다. 양장을 곱게 차려입은 어머니 모습도 세련됐다. 심지어 바나나를 좋아했던 나는 매일 먹었던 기억도 가지고 있다. 당시 바나나는 비싼 과일이었다. 어려웠지만 풍족하게 산 것 같아 나는 늘 그게 궁금했다.

내가 얻은 답은 어머니의 깡다구였다. 여느 부모처럼 아이들을 키우기 위해서는 무슨 일이든지 닥치는 대로 일해야 했다. 이른 새벽 어머니가 채소 공판장에 일하기로 한 날 책임자가 이런 얘기를 했다고 한다. "여기서 일하려면 손도 빨라야 하지만 깡다구가 있어야 합니다." 그도 그럴 것이 채소 공판장 일은 쉬워 보여도 어렵고 험한 일이다. 힘써야 할 일도 많다. 근성이 남달라야 일거리가 많이 주어진다. 깡다구 없이는 힘든 일이다. 어머니가 일한 지 한 달째 되던 날, 채소 공판장 일거리가 많아졌다. 악착같이 일하는 모습을 본 주위 사장들이 일감을 몰아주었기 때문이다.

내가 초등학교에 입학할 때쯤 어머니는 공판장 일과 함께 생선 좌판 장사를 시작했다. 채소 공판장에서 일을 주던 사장의 도움으로 생선도 매상에서 생선을 가져와 팔았다. 어머니는 손재주에 일 재주까지 있었던 모양이다. 모든 장사를 마무리하고 저녁에는 춤까지 가르쳤다. 고등학교 때 무용을 전공한 어머니의 꿈은 무용가였지만 결혼과 이혼을 하면서 이루지 못했다. 대신 무허가 교습소에서 도롯도(트로트), 지르박, 차

차차 등 다양한 춤을 가르칠 수 있게 되었으니 절반은 꿈을 이룬 셈이다. 때론 교습소가 단속에 걸려 문을 열지 못하는 날이면 방 한 칸이 전부였던 집에서 춤을 가르쳤다. 심지어 나의 담임선생님도 어머니의 춤 제자였다. 담임선생과 학부모 사이는 원래 어려운 사이다. 웬만한 깡다구 없이는 못 하는 일이다. 어머니의 깡다구는 상상 그 이상이었다.

홀로 되어 내 편이 없게 되어버린 환경에서 살아가기 위해서는 깡은 반드시 있어야 한다. 깡 없이 어정쩡한 정신을 하고 있다간 시쳇말로 한 방에 훅 간다. 깡이 있으면 어디에서도 지지 않는 정신이 생긴다. 30대 이혼녀가 자식을 어려움 없이 키워내기 위해 가진 정신은 깡다구 정신이 있었기 때문에 가능했다.

많은 사람은 새로운 삶의 변화를 원한다. 한번 무너진 삶을 반전시키고자 하는 사람도 있다. 하지만 중도에 포기하는 경우가 대부분이다. 이는 깡이 부족해서다. 깡은 기어이 하고 마는 의지고 집념이다. 깡이 있는 사람은 어떤 일을 하든 악착같은 강한 뚝심이 있다. 그런 끈기와 용기로 불가능을 기어이 가능하게 만든다.

영화 〈밀리언 달러 베이비〉에 이런 대사가 있다. "권투는 너무나 힘든 스포츠야. 네 몸을 망가뜨리고 코뼈도 부러뜨리지, 그러나 네가 그 고통을 무서워하지 않고 즐기기만 한다면 너의 몸에서는 신비한 힘이 솟아날 거야." 극한에서 나오는 힘은 깡의 힘이다. 깡이 있는 선수가 챔피언 벨트를 허리에 찰 수 있다. 수십 번 쓰러져도 끝까지 싸워 한 방의 KO승으로 이길 힘도 깡의 힘이다.

나도 그랬다. 사업을 하면서 진 빚 때문에 하루에도 수십 통의 빚 독촉 전화를 받았다. 그런 날이 밤낮으로 계속되면 빚 때문에 죽는 사람을 이해하게 된다. 깡 없이 견뎌내지 못하는 삶이다.

신용불량자라 취직도 어려웠다. 어쩔 수 없이 선택한 일이 우유 배달, 신문 배달, 택배기사와 정수기 수리기사 단순직 일 4가지였다. 하루에 18시간씩 일을 하다 보면 정신이 혼미해진다. 그러다 잠시 외출한 정신도 금방 돌아오게 만드는 것이 있다. 바로 깡이다. 8년 동안 오로지 빚 갚기 위해 나와 아내는 깡으로 버텨야 했다. 빚은 갚았지만, 후유증도 남겼다. 아내는 심한 탈모가 왔고 나는 40대 나이에 20개나 되는 치아를 잃었다. 그 자리에 지금은 틀니가 대신하고 있다.

〈Tip & Talk〉

강연하기 위해 한 기업을 방문한 적이 있었습니다. 이때 "사업 실패로 신용불량자였지만 현재는 1인 기업 대표이자 다양한 일을 하는 강사입니다."라고 교육 담당자가 소개했습니다. 강연을 마치고 참석자들은 하루에 18시간씩 어떻게 일했는지 물었습니다. 생각해 보면 절박함이 그걸 가능케 했습니다.

절실함을 해결하기 위해선 깡만 한 게 없습니다. 깡은 실패하지 않은 사람에게서는 찾아보기 힘듭니다. 실패를 통해 오기가 생기고 집념이 생깁니다. 그때야 깡이 강림합니다. 깡은 인생을 깊게, 빨리 배울 수 있습니다. 깡은 지칠 줄 모르는 투지요, 불굴의 개척 정신입니다. 깡을 저급한 정신력이라고 말할 수 있지만, 긍정적인 에너지로 활용하면 가장 큰 용기가 되어 기적을 만듭니다.

내가 가진 큰 능력 중 하나는 깡입니다. 그것이 다시 할 수 없을 것 같은 창업을 하게 했습니다. 창업에 들어간 자본금은 순수 깡 100%가 전부입니다. 하지만 나의 깡은 삶을 포기하지 않은 어머니에게 물려받은 것입니다. 깡을 가질 용기만 있다면 무슨 일이든 할 수 있습니다.

나는
다동인(多動人)이다

영화 〈어디선가 누군가에 무슨 일이 생기면 틀림없이 나타난다 홍반장〉에서 주인공 홍두식은 여러 가지 일을 한다. 편의점에서 매장을 관리하기도 하고, 자장면 배달을 할 때도 있다. 때론 라이브 카페에서 노래를 부르는 가수가 되기도 하고 분식집에서 서빙하기도 한다. 동네 아줌마들이 탐낼 만한 동네 반장도 하고 있다. 하나도 제대로 하기 힘든 세상에 여러 개의 일을 동시에 한다는 것은 부러움의 대상이다.

한스컨설팅의 대표이자 작가인 한근태 소장은 자신의 저서 《일생에 한번은 고수를 만나라》에서 "개인도 1가지만 잘하는 사람보다는 멀티 플레이어가 주목받는 시대가 되었다."라고 얘기했다. 그는 그런 사람을 가리켜 '하이브리드 인간'이라 썼다. 하이브리드 인간은 '이것 아니면 저것' 식의 선택을 거부한다. 그들은 다양한 선택과 혼합된 해결책을 추구한다. 나는 그들을 다동인(多動人)이라 부른다. 여러 가지 다른 일을 하는 대체 불가능한 사람이니 그렇게 불러도 틀린 말은 아니다.

나는 다동인(多動人)이다. 공업고등학교에서 기계를 전공했다. 그래서 평생 '공돌이'로 살 줄 알았다. 인생이 어디 전공대로 살아지던가? 어쩌다 보니 대학에서 건축 관련 분야를 공부했다. 졸업과 동시에 대기업 건설회사에서 기술 업무와 행정 업무를 두루 거치며 직장 생활했다.

30대 초반에는 창업과 동시에 파티 플래너, 프러포즈 기획자, 웨딩 컨설턴트, 웹 기획자, 방송 등 다양한 일을 했다. 사업에 실패했을 때도 생계형 일용직 직업, 4개를 동시에 가졌다. 40대 중반 다시 창업해 지금은 문화와 교육, 컨설팅 등 3개의 기업체를 운영하며 기업체 두 곳의 사외이사를 겸하고 있다.

이문세의 〈알 수 없는 인생〉의 노랫말에 "알 수 없는 인생이라 더욱 아름답다."라는 가사가 나온다. 그 의미를 곱씹어 보면 인생은 원래 예측하지 못했던 것들의 연속임을 알게 된다.

사람들은 이런 나의 경력에 대하여 호기심을 보인다. "여러 가지 일을 어떻게 하느냐? 경력이 특이하다." 사실, 나도 이해할 수 없는 경력이다. 다양한 경험을 하다 보니 처음 하는 일에 주저함도 없다.

"재주가 여러 방면으로 많은 사람은 1가지 재주만 가진 사람보다 성공하기 어렵다."라는 말이 있다. 예전에는 1가지 일에 숙련된 전문가가되면 부족함 없이 살 수 있었다. 하지만 요즘 같은 시대에는 여러 개의 재주를 가진 사람이 주목받기도 한다. 한 분야의 일을 잘하는 사람도 필요하지만, 오히려 창업에서는 여러 가지 능력을 갖춘 사람이 성공할 확률이 높다. 그런 면에서 필요한 능력을 끊임없이 바꿔나가는 힘을 가진 사람이 성공할 가능성이 크다. 창업가라면 의도적으로라도 그런 능력을 갖추는 것도 나쁘지 않다.

나는 오래전부터 의도적으로 여러 개의 일을 했다. 심지어 사업에 실패했을 때도 그랬다. 우유와 신문은 새벽 배달도 있지만 한 달에 몇 번은 휴일 낮에 수금도 한다. 이때는 확장 영업을 할 수 있는 절호의 기회다. 우유를 받아 마시는 고객에게 신문 구독을, 신문 구독자에게 우유를, 확장 한 건당 이만 원의 수당을 받는다. 그렇게 매달 두 달 치의 수입을 벌었다.

택배는 조금 다르다. 물건을 배달하기 전 고객에게 전화를 걸어 집에 있는지 확인한다. 고객 중에 고가의 물건을 주문하거나 부재중일 때 간혹 현관 비밀번호를 알려준다. 8년 동안 나에게 현관 비밀번호를 알려준 고객이 있었다.

어느 날 비밀번호를 눌러 현관 안으로 물건을 두려고 하는데 물이 잔뜩 고여 있었다. 이대로 그냥 두면 큰일 날 것 같았다. 사진을 찍어 문자로 고객에게 알린 뒤 답을 기다렸다. 며칠 전 정수기 설치했다고 하니 아마도 정수기에서 물이 샌 것 같았다. 정수기 설치 뒤 간혹 물이 새어 주방이나 거실에 물이 고이는 경우가 있다. 그로 인해 아래층 천장에 누수 현상이 일어나기도 한다. 고객과 통화 후 주방 안에 설치한 정수기를 자세히 봤다. 수도꼭지에 연결된 정수기 원수 밸브에서 물이 새어 나오는 것이었다. 급히 차에 있던 공구함을 들고 와 물이 새지 않게 밸브를 교체했다. 사진을 찍어 고객에게 보냈다. 다음 날 고객으로부터 정수기 관리를 맡아 달라는 문자를 받았다. 고객이 배로 불어나기 시작했다. "택배기사님이 정수기도 취급하시나요? 정수기 기사가 택배도 취급해요?" 고객들에게 자주 듣게 된 말이다.

이런 경험은 창업 후에도 이어졌다. 하루에도 몇 가지 일을 한다. 각각 다른 업이라 불리는 일들이다. 오전에는 소상공인 컨설팅과 함께 지자체 문화행사 관련 계약을 체결한다. 오후에는 게임업체에 들러 새로 출시된 게임을 마케팅 기획을 진행한다. 때로는 지자체 도시재생 기획을 하면서 직장인들과 학생들에게 커리어 코치를 하기도 한다. 어떤 날은 웨딩 연출과 연극 연출을 하기도 한다. 여러 개의 업(業)을 동시에 수행하지만 이를 관리하는 1가지 핵심역량이 있다. 바로 기획이다.

"당신의 본업이 무엇인가요?", "다양한 일을 하는 것보다 1가지 일에 집중하는 것이 어떤가요?"라고 경영 컨설팅 전문가가 조언하기도 합니다. 나는 일을 벌여놓기 좋아하지만 수습하는 능력도 갖추고 있습니다. 다양한 사람을 만나는 것을 좋아해서 늘 주변에는 많은 사람과 함께 일합니다. 일을 만들고 수행하는 원동력은 사람이 있기 때문입니다. 그들과 다양한 일을 하는 것이 즐겁습니다.

"향후 10년간 사람들은 자신의 전문 분야와는 완전히 다른 새로운 영역으로 경계를 넘어 생각하고 일하도록 요구받을 것이다. 사람들은 이러한 경계를 넘어야 할 뿐 아니라, 기회를 규명하고 서로 다른 분야 간에 관계를 맺을 수 있어야 한다. 사람들은 다중 렌즈를 통해 문제를 바라봐야 할 뿐 아니라 다중 상태에서 일하고 훈련할 수 있는 능력을 갖춰야 한다." 디자이너 클레멘트 모크의 말입니다.

앞으로 다가올 시대에는 한 사람이 하나의 직업을 갖는 것이 아니라 핵심역량을 바탕으로 여러 가지 직업을 동시에 수행해야 합니다. 특히 1인 창업기업의 대표는 다양한 곳에서 선택받을 수 있는 역량을 갖추어야 합니다. 하지만 하루아침에 만들어지지 않습니다. 몇 년씩 걸리더라도 자신이 가지고 있는 '강점'을 연마하여 역량을 강화해야 합니다.

인생 지도는
그리는 것이다

"인생이라는 이름으로 불리는 레일을 따라 목적 없이 걷고 있는 건 아닌가, 막막해질 때가 있습니다. 사람들은 이미 깔린 레일이 편하고 좋은 것이라고 말합니다. 그 레일을 따라가야만 성공할 수 있다고 말합니다. 그런데 인생의 행복이란 형태가 제각각입니다. 인생에 정답이라는 형태는 없습니다. 당신 눈앞에 길은 없습니다. 눈앞에는 그저 빈 공간뿐, 내가 걸어가는 그곳이 나의 길이 됩니다." 야쓰오카 료겐의 저서 《잠깐 흔들려도 괜찮아》에서 한 말이다.

인생은 출발지와 도착지만 있을 뿐 정해진 길은 없다. 인생길에는 내비게이션과 같은 안내 장치가 없다. 인생길은 보려고 해도 보이지 않는다. 보는 것이 아니라 그리는 것이기 때문이다. 그렇게 인생길을 그려가며 자유롭게 여행해야 다양한 것을 보게 된다.

수년 전 정수기 관리 일을 할 때다. 정수기 필터 교체와 서비스 점검을 위해 하루에도 수십 곳의 집을 방문한다. 방문 전 전화로 고객의 집의 위치를 묻는 것이 시작이다. 쉽게 찾을 때도 있지만 오랜 시간을 찾아 헤매는 일이, 더 많다. 그런 수고가 싫어 고객 카드 뒷면에 집의 위치를 직접 그리기 시작했다. 당시 인터넷 지도가 보편화되기 이전이었다.

누런 고객 카드 뒷면에는 지도를 몇 번이고 고친 흔적이 있다. 그것만으로도 이사를 몇 번 했는지 알 수 있다. 이사 횟수가 많은 고객 카드는 종이로 덧붙였기 때문에 두껍다. 고객 카드에 그려져 있는 지도는 단순한 지도가 아니다. 다양한 정보가 기록되어 있기 때문이다. '지붕이 빨간 해장국집', '택시 기사들이 자주 가는 밥집'…… 등 맛집은 기본이다. 추천 메뉴와 가격까지 있으니 허기가 질 때 요긴하다. 때론 '고객이 매우 깐깐함.'과 같은 고객 성향까지 기록해 둔다. 근처 다른 고객의 집까지 그려져 있어 깜짝 방문해 무료 점검도 가능하다. 익숙해지면 고객 이름만 봐도 집의 위치가 머릿속에 그려진다. 지도를 그려가면서 일했기 때문이다. 아직도 고객 집의 위치를 직접 그린 고객 카드를 보며 일하는 기사들이 있다.

목적지에 가기 위해 얼마나 많은 사람에게 물어보는가?

얼마 전 나는 공연에 들어갈 부스 설치와 소품을 설치하기 위해서 경주에 갔다. 늦어도 오후 5시에는 행사장에 도착해야 했다. 오래된 낡은 내 차는 내비게이션이 없다. 생소한 길은 물어서 가거나 휴대폰 지도를 이용한다. 경주 요금소에 도착할 무렵 배터리가 다 되었는지 휴대폰이 꺼져버렸다. 보조 배터리나 차에 충전할 수 있는 장치도 없었다. 어쩔 수 없이 물어 가기로 하고 요금소를 빠져나왔다. 초행길이라 묻는 것도 쉽지 않았다. 그렇게 경주 시내를 헤집고 돌아다녔다. 라디오에서는 5시 시보(時報)가 흘러나왔다.

지금 도착한다고 해도 행사장에 들어갈 수 없다. 그래도 늦게라도 행사장에는 도착해야 했다. 위치는 알고 있어야 했기 때문이다. 오후 7시를 넘겨서야 행사장에 도착했다. 다음 날 아침 일찍 행사 부스와 소품을 설치하기로 하고 근처 숙박시설을 찾아 짐을 풀었다. 초행길을 물어오느라 저녁도 해결하지 못했다. 근처 식당에서 저녁을 해결했고, 맞은편 봐두었던 커피숍에서 차 한 잔까지 마셨다. 다음 날 오전 6시에 부스 설치를 위해 행사장에 도착했다.

행사장 앞에는 이미 많은 스텝이 부스와 시스템 설치에 분주하게 움직였다. 그렇게 오전 8시가 되어서야 모든 준비가 끝났다. 행사까지 몇 시간의 여유가 있으니 아침을 해결하기로 했다. 행사장 근처에 아침을 하는 식당이 있었다. 어제 길을 찾기 위해 돌아다니다 봐두었던 곳이다. 입구에 '아침 합니다.' 흰색 종이 위에 붉은 펜으로 쓴 문구를 확인했었다. 식당에서 아침을 든든하게 먹고 근처에 있는 커피숍에서 맛있는 커피까지 마셨다.

그런데 이상했다. 어제와 다르게 길을 헤매지 않았다. 밥집이며 행사장, 커피 가게까지 내비게이션 없이 단번에 위치를 찾아가는 것이다. 마치 경주를 몇 번 온 것 같은 느낌마저 들었다. 경주 요금소에서 행사장에까지 주변의 지도가 머릿속에 잔상처럼 남아 있었다. 신선한 경이감이다.

우리는 지도를 이용해 목적지까지 길을 헤매지 않고 가는 법만 배운다. 그러나 지도가 없는 상황이 되면 길을 헤매며 어쩔 줄 몰라 한다.

보는 것만 배웠으니 당연하다. 지도는 그려가며 목적지를 찾아야 한다. 때로는 헤매기도 하지만 뜻밖의 장소에서 다양한 것들을 만나게 된다. 지도를 그리는 순간 삶에 힘과 열정이 생긴다. 그 순간 여러 길이 있다는 것을 알게 된다.

〈Tip & Talk〉

익숙한 거리나 장소에서 벗어나 모르는 장소로 떠날 때 성장이 시작됩니다. 길을 헤매는 것은 남들이 정해놓은 길을 벗어났다는 의미입니다. 길을 벗어나고 나서야 자신이 어디에 있는지를 알게 됩니다. 그때 더 많은 것을 얻을 수가 있습니다. 그런 사람만이 길을 만들고 그려낼 수 있는 능력이 높아집니다. 《반지의 제왕》의 저자 톨킨은 "헤매는 자가 다 길을 잃은 것은 아니다."라는 말을 했습니다.

살아보니 나의 인생은 쭉 뻗은 고속도로가 아니었습니다. 꼬불꼬불한 오솔길, 가파른 언덕길, 허허벌판 같은 광야, 빛줄기 하나 없는 터널 등 여러 길을 지났습니다. 때로는 더는 갈 수 없는 막다른 길도 있었습니다. 이렇게 헤매다 보니 길을 그릴 수 있었습니다.

"기업을 운영한다는 게 이렇게 어려운 줄 알았으면 하지도 않았을 거다."라고 이야기하는 1인 기업가들이 주위에 많이 있습니다. 사업하다 보면 끝없이 길이 보이지 않을 때도 있습니다. 하지만 갈 길을 가늠 못 하고 헤매면서 보는 세상도 재미있습니다. 그러다 문득 어디선가 열리겠지 하는 희망도 생긴다는 걸 알게 됩니다. 그렇기에 나는 새로운 길을 그리며 어렵지만, 기업을 운영하고 있습니다. 그 길이 남들이 말리는 길이라 할지라도 나만의 길을 그릴 자신도 생겼습니다.

1인 기업으로
다시 창업했습니다

어려움은 사람을
강하게 만든다

사업하다 쫄딱 망해 다시 일어나는 사람들이 있다. 사업에 실패한 사람이 어려움을 마주하고 긍정적인 방향으로 마음을 전환하는 건 만만찮은 물질적, 정신적 후유증을 남기기 때문에 쉬운 일이 아니다. 그런데도 모든 것을 극복하고 재기하려는 사람은 어려움을 피하지 않는다. 역경을 통해 얻은 경험과 사유를 삶의 중요한 에너지로 여기기 때문이다.

반면 나약한 사람은 극복하지 못하고 나락으로 떨어진다. 보는 시야도 좁아진다. 현재 시점만을 보기에 고통과 괴로움으로 받아들인다. 표면에 드러난 현상만 생각해 감정에 휘둘려서다. 그런 사람은 스스로 강한지를 알지 못한다.

삶에는 항상 고난과 어려움이 존재한다. 어려움을 해결하기 위해서는 맞서야 한다. '이 정도쯤이야.'라고 긍정적으로 생각해야 한다. 부딪쳐 보고, 극복하려고 노력해야 한다. 모든 것을 도전으로 받아들여 한 발 더 나아가야 한다. 그래야 강해진다.

나 역시 사업에 망해 인생 벼랑 끝에 내몰리게 되었다. 사업을 하면서 지게 된 빚은 어떻게 해서든 해결해야만 했다. 돈이 될만한 모든 것을 처분했지만, 턱없이 부족했다. 도저히 해결의 기미가 보이지 않았다. 두려워 도망도 가봤지만, 문제를 해결할 수는 없었다. 채권자들을 일일이 찾아다니며 기다려 달라고 했다. 아내와 같이 엄청난 노동을 하면서 번 돈은 모두 빚 갚는 데 사용했다. 생활은 늘 여유 없이 어려웠다. 빈곤한 생활은 일상이 되어버렸다. 빈궁한 생활이지만 피하지 않았다. 난관 하나하나 직면하고 해결할수록 강해졌다.

나의 전화기 벨 소리는 록 밴드인 데프 레퍼드의 〈Two Steps Behind〉라는 곡이다. 음악이 내 취향이기도 하지만, 한쪽 팔을 잃은 드럼연주자의 강인함에 끌려서다. 그가 릭 앨런이다. 교통사고로 왼쪽 팔을 잃은 그는 절망했다. 강하고 빠른 비트가 생명인 메탈 장르에선 드럼은 오케스트라의 지휘자처럼 중요하다. 드럼연주자가 한쪽 팔을 잃었다는 것은 드럼연주자로서의 생명이 끝난 것을 의미한다.

스틱을 다시 잡긴 했지만, 매번 스틱을 떨어트리기 일쑤였다. 절망만 하고 있을 수 없었다. 스틱을 잡겠다는 의지는 더욱더 강해졌다. 시간이 갈수록 스틱을 떨어트리는 횟수는 줄어들고 연주는 자연스러워졌다. 이후 멤버들은 여섯 개의 풋 페달이 있는 특수 드럼을 만들어 주었다. 특수 드럼에 앉아 하루 8시간씩 연습에만 매달렸다. 평생 드럼을 연주한 사람에게는 드럼이 전부다. 음악만 다시 할 수 있으면 어떤 어려운 일이라도 하겠다고 마음먹었다. 1년이라는 시간이 흐른 후 한쪽 팔과 팔보다 더 빠르게 움직이는 양쪽 발을 이용한 주법이 탄생하게 되었다. 교통사고로 한쪽 팔을 잃었음에도 피나는 노력을 통해 온전히 드럼연주자로 재기에 성공했다.

"어려움을 겪어보지 않은 사람은 인간이 얼마나 강한 존재인지 알지 못한다. 나는 인간이기에 강하다."라는 그의 말에 전적으로 동의한다. 어려움을 해결하기 위한 노력은 새로운 행동 변화를 끌어내기에 충분하기 때문이다.

인간은 원래 강하다. 그 어떤 어려움도 극복해 나갈 수 있다. 그러기 위해서는 의지를 갖고 맞서야 한다. 그래야 길이 보이고 목표를 정하게 된다. 끝까지 포기하지 않고 계속 쫓아가는 끈기가 강인함을 만든다.

프리다이빙 중에서 무호흡 다이빙은 한 번의 호흡으로 가장 깊이 내려가야 하는 수직 강하 종목이다. 많게는 수심 100m 이상을 내려가기도 한다. 장비 없이 맨몸으로 수십 미터를 잠수한다는 것은 어려운 일이다. 10분 이상 호흡을 참는 것은 기본이다. 수압도 견뎌야 한다. 밑으로 내려갈수록 어두워지기 때문에 모든 감각을 곤두세워야 한다. 목표로 삼은 깊이에 도달하기 위해 목숨까지 건다. 자칫 오판하는 순간 죽음을 피할 수 없다. 이를 위해서는 훈련을 많이 한다. 훈련을 통해 어려움을 대면하는 연습을 한다. 그것은 죽음을 피하는 동시에 최고의 기록을 내기 위한 노력이다.

지금 당신은 어떠한가? 어렵다면 직접 대면해야 한다. 누구에게나 어려운 일들이 닥친다. 주위를 둘러보면 더 힘들고 어려움에 부닥친 사람들이 부지기수다. 어려움은 전진하기 위한 하나의 단계다. 그래야 회복된다. 나를 강하게 만드는 것은 실패로 인한 어려움이다.

〈Tip & Talk〉 ──────────────────────────

　사업을 하다 보면 어려움은 오기 마련입니다. 어려움을 해결해도 또 다른 어려움이 옵니다. 세상 이치입니다. 그러나 두려워할 필요는 없습니다. 담담하게 받아들이다 보면 어느 순간 내공이 길러져 있는 모습을 발견하게 됩니다.

　히말라야 고산족들은 양을 사고팔 때 크기와 몸무게를 기준으로 값을 정하지 않습니다. 양의 성질에 따라 값을 매깁니다. 가파른 산비탈 중간 지대까지 몰고 올라가 풀을 뜯어 먹는 모습을 보고 값을 흥정합니다.

　산비탈 위쪽으로 올라가면서 풀을 뜯어 먹으면 작고 왜소해도 값을 올려줍니다. 반면 산비탈 아래쪽으로 내려가면서 풀을 뜯어 먹으면 아무리 몸집이 크고 살이 쪘더라도 값은 내려갑니다. 산비탈 위로 올라가는 양은 지금은 당장 힘들고 어렵더라도 풀을 뜯어 먹을 수 있는 강인함이 있기에 생존이 보장돼 있다고 판단하기 때문입니다. 반면에 산비탈 아래로 내려가는 양은 현재는 힘이 안 들고 수월하지만 결국 산 아래 협곡에 이르러서는 굶어 죽을 수밖에 없는 형편에 이른다고 생각하기 때문입니다. 어려움을 마다하지 않으면 어디서든 생존하게 되어 있습니다.

　정호승 시인은 어느 칼럼에서 이렇게 말했습니다. "새들은 바람이 가장 강하게 부는 날 집을 짓는다. 강한 바람에도 견딜 수 있는 튼튼한 집을 짓기 위해서다. 태풍이 불어와도 나뭇가지가 꺾였으면 꺾였지, 새들의 집이 부서지지 않는 것은 바로 그런 까닭이다. 바람이 강하게 부는 날 지은 집은 강한 바람에도 무너지지 않지만, 바람이 불지 않는 날 지은 집은 약한 바람에도 허물어져 버린다." 어려움을 이기는 방법은 마주해야 합니다. 시련과 역경을 직면할 때 비로소 해결의 실마리를 찾을 수 있습니다. 그것을 거뜬히 해결할 때 강하고 위대해집니다.

절실함은 사람을
움직이게 한다

친한 개그맨이 있다. 회의할 때마다 아이디어 때문에 고민한다. 후배들과 아이디어 회의를 해도 참신한 소재가 떠오르지 않는다. 그러다 신박한 아이디어가 떠오르는 순간이 있다. 담당 피디와 함께하는 코너 검사 당일이다. 그가 만든 모든 개그 코너는 무대 오르기 전 급하게 떠오른 아이디어의 산물이다.

대사 때문에 걱정인 원로 배우가 있다. 사극 전문이라 대사가 어렵다. 대본 연습을 할 때 대사가 입에 붙지 않아 고생한다. 그러다 촬영만 들어가면 실수 없이 대사가 술술 나온다. 긴 대사도 감정 잡아, 기막히게 잘한다.

이처럼 순간적으로 집중력을 발휘하는 때가 있다. 발등에 불이 떨어지는 순간이다. 절실함은 바로 그 순간에 나온다.

절실함이 가장 클 때는 생사가 달려 있을 때다. 생사가 달린 절실함은 불가능한 일도 가능하게 만들고, 없던 힘도 생기게 한다. 영화 〈닥터 스트레인지〉의 한 장면이 인상적이다. 교통사고로 두 손을 다친 닥터 스트레인지는 네팔 카트만두에 있는 카마르 타지에서 수련 받게 된다. 그는 멀티버스로 시공간 이동을 하려는 마법을 터득해 보려 하지만 잘 안된다. 그 모습을 본 에이션트 원은 그를 에베레스트 꼭대기로 데려다 놓고 혼자 돌아온다. 몇 분 내로 돌아가지 못하면 언 송장으로 남게 된다. 죽지 않으려면 시공간 이동을 해야 한다. 얼마 지나지 않아 불꽃 원이 그려지며 수련원으로 돌아오게 된다.

나는 8개월 동안 남동생 집에 얹혀산 적이 있었다. 사업에 망해 오갈데 없자 동생네 부부가 방 한 칸을 내주었다. 동생네는 강원도로 이사를 할 예정이었다. 날짜가 정해지지 않았지만, 방을 내어줄 때 부탁하는 걸로 봐서는 곧 갈 거라는 것을 알아챌 수 있었다. 지금 당장 필요한 것은 식구들의 거처를 마련하는 일이었다. 그것도 이른 시일 내에 마련해야만 했다. 발등엔 이미 불이 떨어져 타고 있었다. 문제는 거처를 구할 돈이 없었다. 보험 회사에 들어가 일한 지 몇 개월 되지 않았고, 보험 영업을 계속해야 할지 고민하고 있을 때였다.

고민만 해서는 안 된다고 생각했다. 보험을 그만두고 시작한 일이 새벽 우유 배달과 신문 배달, 택배기사와 정수기 AS기사 일이었다. 하루에 4가지 일을 한다는 것은 불가능에 가깝다. 18시간 이상을 일해야 하니 초인적인 힘도 필요하다. 절실하면 초인간적인 힘도 어느 순간 발휘된다. 동생네가 이사 가기 몇 주 전이 돼서야 작은 보증금이 딸린 월세집을 구할 수 있었다.

절실하면 문제를 해결할 수 있는 대안을 만들어 낸다. 결핍으로 인해 절실함이 생기면 모든 것이 모자람을 해결하려는 쪽으로 연관하여 생각하기 때문이다. 결핍이 만든 열정은 쉽게 사라지지 않는다. 열망은 강력한 에너지다. "목마른 사람이 우물을 판다."는 말이 괜히 생긴 게 아니다. "성공하기 위해 무엇을 해야 하는가?" 누군가 물어본다면 "절실해야 한다." 망설이지 않고 말할 수 있다. 절실함을 해결하다 보면 성공에 가까워질 수 있기 때문이다.

최상태의 《최고가 되려면 최고를 만나라》에서 할리우드 콘셉트 디자이너인 스티브 정(Steve Jung)은 자신의 성공 비결에 대해 이렇게 얘기했다. "결핍이 나를 열정적으로 일하게 했다. 너무 가난해 제약이 너무 많았고, 기회가 충분히 채워지지 않았다. 그러다 보니 내 몸에서 '해보고 싶다.', '이루고 싶다.'라는 간절함이 넘쳐났다. 결핍이야말로 성장을 가져다주는 가장 센 동력이다." 그의 말은 절실하지 않으면 성공할 수 없다는 것이다. 주위에 성공했다는 사람들을 떠올려 보자 그들은 성공하기 위해 먹고 자는 것조차도 잊을 정도로 성공을 절실하게 바랐기 때문이다. 절실함만 있다면 움직이지 않던 팔다리도 움직이게 한다.

《손자병법》 구지(九地) 편에서도 무기나 군수물자가 아니라 더는 물러날 곳이 없다는 절박감이 전쟁에서 승리를 가져올 수도 있다는 내용으로 '분주파부(焚舟破釜)'라는 말이 나온다. 배(舟)를 불태우고(焚), 솥(釜)을 깨트린(破) 병사들은 이제 전투에 지면 타고 돌아갈 배도 없고 더는 밥을 해 먹을 수도 없는 절실한 상황이기 때문에 오로지 승리를 위해 목숨을 걸고 싸우게 될 수밖에 없다. 이런 절박한 심정은 비단 전쟁에서

1인 기업으로
다시 창업했습니다

살아남는 병법만은 아니다. 모든 것에 해당된다.

지금, 당신의 일이 뜻대로 잘 풀리지 않는가? 그렇다면 지금 하는 일에 관심을 가지고 연관된 것들을 들여다보자. 그리고 가지고 있는 모든 에너지를 쏟아보자. 절실하지 않으면 성공할 수 없다. 힘들어도 매일매일 절실해야 한다.

〈Tip & Talk〉

경제적으로 어렵고 힘든 상황에 놓여 있을 때 절실함으로 구제받았습니다. 절실함은 열정을 만들어 냈습니다. 열의는 성공의 강력한 원동력이 됩니다. 성공하기 위해서는 매일매일 절실해야 합니다. 결핍과 절실함이 사라진다는 것은 불행한 일입니다.

나는 8년 동안 수면 시간은 4시간이었습니다. 지금도 여전히 수면 시간은 4시간입니다. 잠을 적게 자는 이유는 직업병이기도 하지만 매일매일 절실함을 가지기 위해서입니다. 새벽에 일어나는 것은 무척 힘든 일입니다. 때로는 '오늘 하루만.'이라고 생각하다가도 마지막으로 나를 일으켜 세우는 건 절실함입니다. 결핍과 절실함에는 힘이 있습니다. 안 되는 것을 되게 하고, 힘들어도 하게 만듭니다. 하루에 4시간을 자고 18시간씩 거뜬하게 일하게 만드는 것도 절실함의 힘입니다.

다시 창업하면서도 매일매일 노력했습니다. 일이 없으면 될 때까지 만들었습니다. 능력이 부족하면 어떻게 해서라도 채우려 했습니다. 1인 기업을 지금까지 운영할 수 있는 이유는 결핍을 해결하기 위해 절실함으로 움직였기에 가능했습니다.

인생은 고(苦), 고(苦)는 고(go)로 응수한다

평소에도 즐겨 찾는 사찰이 있다. 돌아가신 어머니가 즐겨 찾던 곳이다. 편하다고 생각한 곳이니 항상 머물렀으면 하는 마음에 위패를 모신 곳이기도 하다. 어머니와 주지 스님과의 인연은 꽤 오래다. 이혼하고 마음 둘 데 없어 찾아갔던 곳이라 십수 년은 되었을 거다.

어릴 때부터 엄마 손에 이끌려 다녔고, 결혼 후 두 딸아이의 이름을 스님께서 지어주셨으니 나와의 관계도 깊다.

불공을 드린 후 어머니는 스님과 화투를 즐겨 하셨다. 패가 좋으면 스님께선 이런 말씀을 하셨다. "못 먹어도 고우! 인생은 어차피 고다. 그래서 난 무조건 고다." 어려서는 이해하지 못했다. 의미를 이해하게 된 건 한참 후다. '무상(無常)함과 무아(無我)를 깨닫지 않고 영생에 집착하여 온갖 고통에 빠져 있지 말고 지금 할 수 있는 바를 행하라.' 한마디로 일체개고(一切皆苦)하지 말라는 의미다.

인생은 만만치 않다. 아픔과 상처도 많다. 고통은 숙명처럼 따라다닌다. 고초를 없애기 위해 애도 쓴다. 헤쳐나가는 방법을 터득해 보지만 쓸모없다. 고비 없이 무난하게 산 사람은 없다. 행복한 삶에도 어려움과 아픔은 있기 마련이다. 간신히 버티고 지나가나 싶다가도, 다른 고통이 밀려오기 때문이다.

세상살이 자체가 고통이다. 불교에는 "인생고해(人生苦海)다. 태어남도 고통이고 늙음도 고통이고 죽음도 고통이다."라는 말이 있다. 영국의 시인 프랜시스 톰슨은 "우리는 모두 타인의 고통 속에서 태어나 자신의 고통 속에서 죽어간다."라고 말했다. 생 자체가 고통의 연속이라는 것을 강변한 말이다. 동서양을 막론하고 인생은 '고(苦)'가 맞다.

고통은 삶의 본질이다. 해가 뜨고 지듯이 자연스러운 거다. 평생 안고 살아야 하니 쉽지 않다. "피할 수는 없다면 즐겨라."라는 말이 있지만 어려운 일이다. 즐겨 찾는 사찰의 스님은 "고통이 내 안에서 해소되면 고통이 아닌 게 된다."라는 말을 했다. 고통을 줄이기 위해서는 받아들여야 한다는 의미다. 기력을 써 받아들이면 고통의 크기를 줄일 수 있다. 고초의 크기가 줄면 마음이 편안해진다. 어려워도 해야 한다. 가만히 있어도, 움직여도 고달픈 인생인데 '굳이 해결할 게 뭐 있나?'라는 생각을 가질 수 있다. 가만히만 있으면 발전이 없다. 발전 없는 고통은 고난일 뿐이다.

택배 일을 할 때 물류창고에서 자주 만나는 사람들이 있었다. 등산객이다. 등산로 중간에 작업장이 있고, 약수터가 있어 쉬어가는 등산객이 많았다. 산을 오른 사람 중에 유독 시선이 가는 사람이 있었다. 목발을 짚고 하루도 거르지 않으니 기억할 수밖에 없다.

하루는 그와 이야기할 기회가 생겼다. 교통사고로 다리를 잃어 한동안 환상지통에 고생했다고 한다. 지금은 의족 속에 감춰진 다리에 통증을 느끼지 못한다고 했다. 통증이 없으니 괜찮은 것 아니냐며 물었던 내게 이렇게 답한다. "통증이 없으니 살 것 같았지만 날이 갈수록 불안했습니다. 통증에 시달릴 때는 고통을 없애기 위해 몸도 움직이고 했었는데, 아픈 것이 사라지니 오히려 무기력해졌습니다. 고통보다 힘든 건 의욕이 없다는 것입니다. 의욕 없는 생활은 고통 그 자체였습니다. 무기력은 자살을 시도할 만큼 무섭습니다. 산을 오르게 된 건 의욕을 불어넣기 위해서입니다. 불편한 다리로 산을 오르고 나면 숨이 차서 고통스럽습니다. 그때 든 생각은 '내가 살아 있구나.'였습니다. 열심히 살아야겠다는 마음도 생겼습니다." 얼마나 대단한 사람인가?

나 역시 동적으로 고통을 이겨냈다. 사업에 실패한 후 정신적인 고통, 결핍의 고통 등 실패에 따른 온갖 고통에 시달렸다. 많은 채무를 해결하지 못하니 고통의 강도는 더 했다. 삶에 의욕마저 없어 '차라리 죽는 게 낫겠다.'라는 속마음도 있었다. 육체적 고통은 약으로 해결할 수 있지만 정신적 고통을 치료하는 약은 없다. 이러다간 행동으로 옮기겠다 싶어 일에 매달렸다. 18시간 이상 일에 몰두하면 딴생각이 들지 않는다. 무념(無念)은 고통에 갇히지 않게 만든다. 심적 고통의 특효약은 움직이는 일뿐이다. 심리학자인 조던 피터슨은 "고통을 조금이라도 줄여줄 수 있는 일을 뭐라도 해라."라고 말을 했을 정도니 움직이는 것이 고통을 줄이는 데 특효약이다.

당신은 지금 고통스러운가? 고통을 이겨내지 못할 만큼 지리멸렬의 상태인가? 고통을 개선할 수 있는 의미 있는 행동을 취해야 한다. 고통에 대한 안목은 그때 생긴다. 당신의 인생을 불행하게 하는 것은 고통이 아니라 고통에 대한 태도이다. 인생은 고(苦)다. 고(苦)는 고(go)로 해결해야 한다.

〈Tip & Talk〉

"여기까지 오셨으니 실패의 고통이 절반은 줄어들었을 겁니다." 사업에 실패한 사람을 대상으로 강연을 한 곳에서 첫인사로 한 말입니다. 사업하다 실패한 사람들은 움직임이 적습니다. 꼼짝하지 않는 사람도 있습니다. 한자리에서 자책과 원망과 분노만 쏟아내는 사람도 있습니다. 술로 고통을 달래보지만 소용없습니다. 고통은 배로 늘어납니다. 그런 사람들에 비하면 실패한 사람의 강의를 들으려고 온 것은 대단한 것입니다. 고통을 줄일 수 있는 사람들입니다.

"고통 없이는 성장할 수 없습니다. 고통이 없다면 마땅히 누려야 할 평화와 기쁨을 얻을 수 없습니다. 부디 고통으로부터 달아나지 마십시오. 그것을 끌어안고 소중히 간직하십시오. 붓다에게 가서 그와 함께 앉아 여러분의 고통을 보여주십시오. 붓다는 자애와 자비 그리고 마음 챙김으로 여러분을 바라보고, 고통을 끌어안고 그것을 깊이 들여다볼 수 있는 길을 보여줄 것입니다. 여러분은 지혜와 자비로 마음속의 상처를, 그리고 세상의 상처를 치유할 수 있을 것입니다. 붓다는 고통을 고귀한 진리라고 했습니다. 왜냐하면 고통은 우리에게 해탈에 이르는 길을 보여줄 힘을 갖고 있기 때문입니다. 자신의 고통을 끌어안으십시오. 그리고 그 고통을 통해 평화에 이르는 길을 만나십시오." 이 말은 틱낫한 스님의 말입니다.

고통은 두려워하거나 회피 대상이 아닙니다. 함께하는 존재라 도망칠 수도 없습니다. 고통을 고통으로 받아들여서도 안 됩니다. 수동적으로 받는 것도 옳지 않습니다. 고통을 어떻게 마주하느냐에 따라 인생을 지혜롭게 살 수 있습니다. 고통을 통한 자기실현의 기회로 생각해야 합니다. 단테의 〈신곡〉이 나올 수 있었던 이유나, 베토벤이 위대한 악성이 될 수 있었던 것도 고통 때문입니다. 고통에 몸을 맡기고, 온몸으로 만나야 합니다.

1인 기업으로
다시 창업했습니다

그래서
다시 1인 창업이다

잘하던 생계형 일을 모두 그만두었다. 다시 창업하기 위해서다. 주위 사람들은 걱정하는 마음에 말렸다. 같이 일하던 택배소장들은 "그렇게 고생하고도 사업하고 싶으냐?", "지금 하는 일이나 잘하지!", "아직 고생 덜했네."라며 한마디씩 했다. 사업에 망해 고생해 본 사람이라면 사업 언저리에 얼씬도 하지 않는다. 그런데 하고잡이는 다르다. 하고 싶은 일은 어떡해서든 한다. 일이 없으면 만들어서라도 한다. 실패했어도 또 일 벌인다. 난 하고잡이다.

그런데 왜 다시 1인 창업인가? '실패 지점에서 다시 일어서야 한다.' 평소에 가지고 있던 지론이다. 실패는 일생에 단 한 번이면 충분하겠지만 마음먹은 대로 되지 않는다. 수시로 일어날 수 있기 때문이다. 어떤 사람은 실패 지점에서 그대로 좌절하지만, 어떤 사람은 꿋꿋하게 일어선다. 좌절을 딛고 일어서는 사람은 재기의 근육이 탄탄해서다.

사업에 망해본 사람은 재기의 근육을 만들기 좋은 상태다. 쉽지 않은 일이지만 그렇게 만든 근육은 아무리 실패해도 다시 일어날 수 있는 튼튼한 근육이 된다. 난 8년간 고난과 역경을 이겨낸 최고의 근육을 만들었다. 하고잡이의 근육이다.

누군가 "사업으로 진 빚 때문에 마음고생했는데, 다시 1인 창업이 당신 인생에서 최적의 솔루션인가?"라고 질문을 한다면 "그렇다."라고 망설임 없이 답할 수 있다. 1인 기업을 할 수 있는 근육이 내게 있기 때문이다. 그렇다면 1인 창업을 할 수 있는 근육은 무엇일까?

실패를 이겨낼 근육이 있다. 실패에 대한 내성이 생기면 그 결과물로 의지의 근육이 단단해진다. 피겨 선수들은 트리플 악셀을 구사하기 위해 수없이 점프한다. 실패를 거듭하면서 안정된 자세를 잡는다. 실패하지 않고서는 자세에 대한 감각을 터득할 수 없기 때문이다.

실패해야 원인을 알게 된다. 이유를 알고 점프했을 때 "바로 이거야."라고 감각이 먼저 알아차린다. 반대로 실패하지 않기 위해 조심스럽게 점프하면 트리플 악셀은 구사할 수 없다. 즉, 실패에 대한 내성을 가진 사람은 다시 실패한다고 해도 포기하지 않는 의지의 근육을 가지기 때문이다.

좌절을 극복할 근육이 있다. 좌절은 누구에게나 온다. 정작 절망을 희망으로 바꾼 사람은 드물다. 하지만 좌절할수록 단단해지는 사람들이 있다. 스포츠 선수들이다. 좌절할수록 승리는 가까워진다. 좌절의 힘을 절실함으로 바꾸었기 때문이다. '기적의 드라마'는 그렇게 만들어진다. 좌절은 절실함을 만들고 불굴의 정신력을 갖게 한다. 불타오르는 강한 정신력이 생길 때가 있다. 결핍이 클 때 절실함은 더욱 커진다. 열정을 만들 수 있는 최적의 조건인 셈이다. 차고 넘치면 절실하지 않아 열정을 만들어 내지 못한다. 간절함을 해결할 힘이 있어야 좌절을 극복한다.

반전으로 인생을 역전시킨 회복 근육이 있다. 도저히 뒤집을 수 없는 인생을 극적으로 뒤바꿔 짜릿한 전율을 만들어 본 사람들은 좌절을 두려워하지 않는다. 바닥으로 떨어진 경험은 누구에게나 일어날 수 있는 일이다. 하지만 바닥을 박차고 점프하는 경험은 쉽지 않은 일이다.

절망의 바닥에서 희망의 바다를 본 경험이 있는가? 절망에서 희망을 보지 못했다면 힘이 없어서다. 바닥에서 박차고 오를 회복의 근육이 있어야 반전을 일으킬 수 있는 것이다.

회복의 근육은 극복의 힘이 있어야 한다. 어려움을 이겨내는 것은 어려운 일이다. 살다 보면 순조로울 때도 있고 어려울 때도 있다. 역경은 견디기 힘들지만 잘 극복하면 경력을 만들 수 있다. 내가 만든 경험은 역경에서 만든 결과물이다. 그것으로 인해 인생 반전을 이루어 냈다.

"1인 기업은 누구나 할 수 있고, 창업하면 길이 보인다."라고 창업 전문가들은 말을 한다. 이는 사실이 아니다. 세상의 모든 일에는 조건이 붙는 경우가 있다. 누구나 1인 기업을 창업할 수 있지만 성공한 1인 기업가가 되기 위한 가장 중요한 조건이 있다. 다양한 경험을 했느냐다.

기업가는 성공하기 위해 지식과 경험, 내공이 필요하다. 1인 기업을 운영하다 보면 늘 고비가 온다. 위기가 올 때가 가장 힘들다. 이때를 넘기면 수월할 듯하지만 그러다 다시 곤경에 빠지기도 한다. 고비는 파도처럼 다가온다. 경험이 축적되지 못한 기업가는 위험에 대한 두려움이 크다. 반면 경험이 축적된 기업가는 파도 타듯 어려움을 잘 넘긴다.

인맥, 자본, 기술 1인 기업으로 성공할 수 있는 다양한 조건들이 있다. 물론 중요하다. 하지만 사업에는 '완벽한 확신'은 존재하지 않는다. 모든 조건을 갖추어 창업한다고 하더라도 망하는 기업은 있다. 그런 점에서 1인 기업의 조건은 하고자 하는 의지다.

당신은 의지가 강한가? 의지를 뒷받침할 근육이 있는가?

⟨Tip & Talk⟩

보디빌더가 탄탄한 근육을 만들기 위해서는 도저히 더 이상 반복할 수 없을 때까지 훈련합니다. 한계가 온 지점에서 다시 한 번 힘을 짜냅니다. 최고의 근육은 인내력과 도전 정신으로 돌파해야 만들어집니다.

나는 첫 사업의 실패로 경제적 여유가 없었습니다. 수억의 빚을 갚아야만 했기 때문입니다. 빚을 갚기 위해 강한 정신으로 버텼습니다. 적은 시간의 잠과 많은 시간의 노동은 엄청난 인내력이 요구됩니다. 그런 과정을 버텼기에 여러 근육이 만들어졌습니다.

1인 기업가는 강한 근육이 있어야 합니다. 하겠다는 의지의 근육, 실패해도 일어서려는 근육, 방향을 잃지 않으려는 근육, 끊임없이 앞으로 나가려는 근육…… 수많은 근육이 필요합니다. 무엇인가를 원한다면 튼

튼한 근육이 있어야 합니다. 난 다시 어려움이 오더라도 버텨나갈 힘이 있습니다. 다양한 근육 때문입니다. 10년 동안 지치지 않고 기업을 운영할 힘도 근육이 있어서입니다. 새로운 일을 할 때는 두려움이 앞섭니다. 당연합니다. 그러나 지금 우리가 내딛는 새로운 발걸음은 두려움이 대상이 아닙니다. 성공으로 가기 위한 근육 만들기 과정입니다.

2

1인 기업가,

그들의

성공 기술

망하지 않는 게 먼저다

　내 차의 주행거리는 320,000km를 넘긴 지 오래다. 오래된 차여서 엔진 소리가 요란하고, 하루하루 다르게 소음은 더 커지고 잦다. 그뿐만 아니다. 진동도 심하다. 한 번이라도 내 차를 타본 사람이라면 차를 바꾸라는 말을 한다. 지구 한 바퀴 거리가 약 40,074km인데 내 차 주행거리와 비교하면 어림잡아 지구를 여덟 바퀴 운행한 거리니 그럴 만도 하다. 살 때부터 중고차였던 내 차의 구입 시기를 따져봐도 너무 많은 거리를 달렸다. 하루 중 15시간 이상을 각종 배달로 부산 시내를 누비고 다녔으니 그럴 법도 하다. 매번 감당하지 못할 무게에 고장도 잦아 정비 센터를 제집처럼 드나들기도 했다. 물건 상하차에 부딪혀 외관의 칠이 벗겨지고 문짝이 움푹 패었어도 아직 끌고 다닌다.

　나는 물건을 오래 사용한다. 선물 받은 서류 가방은 7년 넘게 들고 다니고, 휴대 전화는 20년 동안 세 번 바꿔 사용했다. 큰딸에게 생일 선물로 받은 신발은 4년 넘게 신고 다닌다. 낡고 찢어지고 흠집이 있어도 물건을 바꾸지 않는다. 고장 날 때까지 오래 사용한다. 물건을 오래 사용하는 습관은 사업을 하다 망해 생긴 습관이다.

사업을 정리하면서 직원들 밀린 급여를 주기 위해서 돈 될만한 집기는 모두 처분했다. 정리하고 남은 건 부서진 낡은 집기 몇 개뿐이었다. 그 후부터 아껴 쓰고, 고쳐 쓰는 것이 몸에 뱄다. 1인 기업 10년 차, 지금도 될 수 있는 대로 집기 사는 것을 자제한다. 망하고 나니 모든 것이 쓰레기에 불과하다는 걸 알았기 때문이다.

창업 당시 비즈니스센터에 입주한 것은 공간과 집기에 대한 제공이 결정적이었다. 10년 동안 여러 비즈니스센터를 이용하면서 내 돈 들여 구매한 비품은 3가지가 넘지 않는다. 그것도 재활용판매처에서 산 것들이다. 간혹 주위에선 농담 삼아 이런 얘기를 한다. "그 정도 벌고 그러면 차도 바꾸고, 좋은 사무실도 얻어야 하는 거 아냐?" 물론 다들 그렇게 한다. 그런데 한번 망하고 나면 낡은 서류 가방을 들고 다녀도, 사무실이나 집물이 볼품없어도, 사업하는 데 문제가 되지 않는다는 것을 알게 된다. 오히려 겉모습만 요란하게 꾸며대는 사업체를 보면 걱정된다.

한동안 창업 컨설턴트로 활동한 적이 있었다. 투자유치 컨설팅을 하기 위해 한 업체를 방문했는데 의아한 광경을 보게 되었다. 업체의 대표가 최고급 외제 차에서 내리는 순간 직원들 서너 명이 허리를 숙여 인사하는 모습이다. 흡사 대기업 총수 같아 보였다. 직원들 사무실과는 달리 넓은 대표실에는 고급 집기들이 가득했다. 초기 자금이 여의찮아 투자받아 기술 개발한다는 업체가 맞나 싶은 생각이 들었다.

이 회사는 과도한 채무금에 자본잠식 상태였고, 직원들의 급여는 몇 달째 지급하지 못한 상황이었다. 외형은 번듯해 보였지만 내실이 부실했다. 창업기업의 현실이라 여기고 싶지만 불안해 보였다. 기업을 운영하려면 돈 없이는 불가능하다. 그러나 성공을 가로막아 실패에 이르는 것도 돈이다. 돈은 유한자원이다. 신중하게 할당해야 한다. 창업기업이 실패하는 원인 중 돈에 대한 이유도 적잖게 차지한다. 기업가는 특히 돈을 어떻게 써야 하는지 고민해야 한다. 그런데 대표와 얘기할수록 돈에 대한 인식이 가볍다. 당연히 지급해야 할 것을 하지 않거나, 과하게 사용하는 것만 봐도 그런 인식이 들었다.

나는 기업을 운영하면 반드시 지키는 우선순위가 있다. 돈에 대한 것이다. 1인 기업이라 프로젝트마다 프리랜서를 고용해 진행한다. 그들의 인건비는 항상 선급이다. 거래처에 지급할 대금 역시 마찬가지다. 지금까지 어겨본 적 없다. '지급할 것은 지급하고, 받을 건 받자.' 이것이 철칙이다. 지극히 당연하고, 기본이다. 번듯한 사무실을 고급스럽게 장식하고 싶지만 그렇게 안 한다. 함께 일한 사람들에게 임금을 제날짜에 주지 못할까 봐서다. 거래처에 지급할 대금을 제때 결제하지 못할까 봐 차도 바꾸지 않는다. 돈을 허투루 쓰지 않는 이유는 망하기 싫어서다. 궁상맞다고 하겠지만, 기본에 충실하기 위함이다.

잘나가는 것처럼 보이는 것과 실제 잘나가는 건 다르다. 고급 차나 사무실 외형이 번듯하다고 해서 성공한 건 아니다. 투자받아도 허름한 사무실에 몇 개의 집기를 고수하는 기업가들이 주위에 있다. 창업으로 성공했지만, 사무실은 여전하다. 소형 자동차를 아직도 모는 기업가도 있다. 그들은 돈에 대해 과한 행동보단 일에 대한 과한 행동이 우선이다. 창업가에게는 화려한 성공만이 있는 것은 아니다. 성공을 통해 쓸쓸히 망하는 기업가들을 더 많이 봐왔다. 직원들에게 폭행을 행사하는 기업가, 물의에 휩싸인 기업가 등 옳지 못한 행동은 오직 성공만을 생각하기 때문에 생긴다. 성공보다 중요한 것은 망하지 않는 것이다.

　건설회사에 있을 때 건축물 폭파 해체작업에 투입이 되었던 적이 있었다. 건축물을 완공하는 데는 2년이 걸렸지만, 바닥에 나뒹구는 시멘트 덩어리가 되는 데는 2분이면 충분했다. 세상에 모든 것들은 쌓아 올리는 데는 많은 시간과 노력이 들어간다. 하지만 무너져 내리고 망하는 것은 순식간이다.

〈Tip & Talk〉 ────────────────────

　잘 다니던 직장을 하루아침에 그만두고 창업에 뛰어들었습니다. 성공하겠다는 욕심으로 무리하게 기업을 확장했습니다. 규모가 있어 보이기 위해 인력을 많이 채용했고, 사무실도 크게 꾸몄습니다.

　그러나 보기와 달리 성공으로 향하는 길은 험난했습니다. 사업에 망하고 나니 망하지 않는 법이 보였습니다. 사업을 시작할 때, 그리고 잘 돌아갈 때 조심해야 합니다. 망하는 기업들의 공통된 특징은 성공에 대한 지나친 안주와 집착에서 비롯됩니다. 성공을 위해 나아가는 것보다 그것을 유지하면서 지켜가는 것이 더 어렵습니다. 때로는 기업가는 겸손해야 합니다. 자금으로 외형을 바꾸려고 하기보단 항상 배우는 자세가 필요합니다. 성공하려고 노력하기보다는 실패를 부르는 위험 관리가 먼저입니다. 성공에 집착보다는 망하지 않는 집착이 지금의 나를 있게 했습니다.

런치 십 (1)

즐겨 가는 조그마한 밥집이 있다. 테이블이 3개 남짓 되는 조그마한 식당이다. 점심때가 되면 빈 테이블이 나오기를 기다려 점심을 해결한다. 때론 혼자지만 늘 동행하는 사람들이 있다. 매일매일 다른 사람들과 밥을 먹는 이른바 '런치 십(lunch ship)'이 이루어지는 곳이다.

'런치 십(lunch ship)'은 영어에는 없는 말이다. 영화 〈범죄와의 전쟁〉에서 최민식이 연기한 최익현이 "내가 임마! 느그 서장이랑 임마! 어저께도 같이 밥 묵고, 사우나도 같이 가고 마! 다 했어!"라는 말을 한다. 인간관계에서 밥 먹고 사우나도 같이 가는 것은 친밀의 끝판왕이다. 특히 다른 사람과 밥 먹는 행위는 기업가에겐 꼭 필요한 행위다. 관계 형성을 위해 밥 먹는 행위를 나는 '런치 십(lunch ship)'이라 부른다. 해석하자면 '점심을 이용한 사람들 사이의 친밀한 관계' 혹은 '점심을 이용한 사람들 사이의 친밀한 접촉'으로 해석될 수 있다. 1인 기업을 운영하면서 중요한 계약은 점심 자리에서 모두 이루어졌다. 나에게 점심은 매우 중요한 자리다.

　한 업체에 제안했을 때 일이다. 기획한 내용이 좋으니 방문해 달라는 전화가 왔다. 전화를 끊고, 제안서를 챙겨 그 업체의 미팅 룸으로 도착하기까지 1시간도 걸리지 않았다. 미팅 룸에서 제시한 기획의 장점을 얘기했다. 설명하는 내내 '이쯤이면 계약하자.' 속으로 되뇌며 가방 속에 미리 챙겨간 계약서를 만지작거리고 있었다. 이마엔 송골송골 맺힌 땀방울이 떨어지기 전에 담당자는 회의한 후 연락을 주겠다고 했다.

　며칠이 지났지만 감감무소식이었다. '연락이 없으면 먼저 하면 된다.' 내가 가진 생각이다. 먼저 연락했다고 욕하는 사람 없다. 목마른 자가 우물을 파는 법이다. 그렇게 먼저 연락했다. 내가 인사하기도 전에 "대표님, 지금 전화하려고 했었는데 마침 전화를 주셨네요." 담당자의 반가운 목소리였지만 아쉬움도 함께 섞여 있었다. 그의 말은 이번만큼은 다른 업체를 선정했다는 것이다. 담당자는 연신 죄송하다는 말뿐이었다. 뭐 어떡하겠는가? 다음을 기대하는 수밖에, 시간 나면 자주 찾아뵙겠다며 전화를 끊었다. 그리고 이틀 후 난 그 사무실을 찾아가 담당자와 커피와 점심을 함께했다.

　낯선 사람과의 관계 형성은 항상 마음을 설레게 한다. 반면 주위의 많은 업체 대표들은 동종 업체들만 만나 정보 교류를 하고 밥을 먹는다. 한스컨설팅의 한근태 소장은 자신의 저서 《일생에 한번은 고수를 만나라》에서 이런 사람을 현대판 촌사람이라 얘기했다. 그의 말을 일부 옮겨본다. "내가 생각하는 현대판 촌사람은 매일 같은 사람하고만 노는 사람이다. 직장에 이런 사람이 많다. 매일 몇몇 친한 동료들하고만 밥을 먹는다. 다른 부서, 고객이나 상사하고는 어울리지 않는다. 다른 사람들이 끼는 것을 싫어한다. 불편하기 때문이다. 저녁에 술을 마셔도 이들하고만 마신다. 주말에도 이들하고만 어울린다. 그야말로 1년 365일 비슷한 깃털을 가진 사람하고만 논다." 1인 기업가는 촌사람이 되어서는 안 된다.

난 생소한 사람들이 모여 있는 곳에 자주 초대되어 간다. 초대보다 일부러 찾아다닌 적이 더 많다. 사람도 가리지 않는다. 예술가, 작가, 기업인, 교수, 평범한 직장인 등 직업들도 다양하다. 그들과 마시며, 먹고 두런두런 이야기하는 분위기가 좋다. 그러다 보면 명함이 금방 사라지지만 한 손에는 수십 장의 다른 명함을 지니게 된다. 그리고 며칠 지나 명함에 있는 모든 사람을 찾아다니며 점심과 함께 차를 마신다. 관계 형성은 한 번이 어렵지, 그 뒤부터는 자연스럽게 이루어진다.

"세상에 낯선 사람들이란 존재하지 않는다. 다만 아직 알지 못하는 친구만 존재할 뿐이다." 누가 얘기했는지 정확하게는 생각나지 않지만 옳은 말이다. 우리가 애초부터 잘 알고 지냈던 사람들이 몇 명 있었는지 생각해 보면 몇 명 되지 않는다는 걸 알게 된다. 모두 첫 만남에선 알지 못하는 사람이었을 거다. 그들과 밥을 한 번, 두 번 먹다 보면 횟수가 늘게 마련이다. 자주 만나는 사람들 사이에는 친밀성이 쌓여 여러 이야기가 오고 간다. 때로는 속 깊은 이야기까지 하게 돼 그때마다 조언을 아끼지 않는다. 필요한 사람도 소개하기도, 받기도 한다. 일에서도 마찬가지다. 일이 없을 때 혹은 많을 때 예상치 못한 큰 도움을 받기

도 한다. 기업을 현재까지 운영할 수 있었던 것은 다양한 사람들과 점심을 먹었기 때문이다.

〈**Tip & Talk**〉

시인 안도현은 자신의 책《아침 엽서》에서 "관계를 맺는다는 것은 무엇인가 그건 마음속에 오래 품고 있던 꿈을 실현한다는 뜻이다."라는 말을 했습니다.

새로운 만남이 우리에게 줄 수 있는 것은 많습니다. 그들과 함께 부담 없이 점심을 나눌 때 새롭고 멋진 일들이 일어납니다.

1인 기업을 운영하다 보면 비슷한 일을 하는 사람끼리 모여 이야기 나누는 게 편하긴 합니다. 새로운 사람을 만나 밥을 먹는 데는 용기와 노력이 필요합니다.

스타벅스의 최고경영자 하워드 슐츠의 성공 비결은 매일 다른 사람과 점심을 먹으며 관계의 폭을 넓히고 나누는 데 있다고 합니다. 그는 강연장에서 "익숙한 것만 하려고 하고, 편한 사람만 만난다면 견문을 넓힐 수 없다."라고 했습니다. 기업을 운영하다 보면 자신의 힘만으로 될 수 없다는 것을 느낍니다. 그때 여러분들에게 조언하고 도움의 손길을 줄 사람들이 바로 점심을 먹고 커피를 마신 사람들입니다. 창업기업의 성공과 실패는 누구와 주로 점심을 먹었는가에 따라 달라질 수도 있습니다.

입이 열리면 귀도 열리고 마음도 열리게 됩니다. 오늘의 점심이 내일의 새로운 비즈니스 매개체가 되어 성공의 길을 알려줄 것입니다.

런치 십 (2)

건실한 중견 자동차 부품 회사에 강연을 위해 방문한 적이 있다. 교육 담당자와 미팅이 끝난 후 대표와 함께 점심을 먹게 되었다. 난 이런 자리가 좋다. 새로운 사람과 밥 먹기를 좋아하기 때문이다.

국밥을 마주하고 그와 이야기를 나누다 보니 어느새 국밥 한 그릇을 비우게 되었다. 그런데 그의 그릇에는 여전히 국밥이 가득 차 있었다. '내가 너무 빨리 먹었나.'라는 생각에 "제가 밥을 빨리 먹는 습관이 있습니다."라고 말을 했는데, 미안해하는 나에게 그는 이렇게 얘기했다. "강사님의 이야기에 집중하다 보니 아직 반도 못 먹었네요, 대화하다 보면 밥을 남기는 일이 허다하게 있습니다. 오늘이 그날이군요! 나에게 있어 점심은 입으로 먹는 것이 아니라 귀로 먹는 것입니다." 식사 시간이 단순히 밥 먹는 시간이 아니라 다양한 사람들과의 대화 속에서 영감을 얻는 시간으로 활용한다는 것이다. 밥은 장치일 뿐, 먹는 행위는 공감과 설득을 위한 사교 행위인 셈이다.

1인 기업으로
다시 창업했습니다

강연을 마치고 그와 이야기를 더 나누게 되었다. 그는 꼭 점심을 같이 먹어야 하는 사람에 관해 얘기했다. 먼저 투자자와 식사한다는 것이다. 식사하는 동안 회사의 새로운 기술 등 현황을 알린다고 한다. 이는 회사의 신뢰성을 강조한 그만의 경영 철학이 담겨 있는 것이다. 또 새롭게 제안을 한 업체 실무자나 대표와 점심을 먹는다고 한다. 단, 일이 성사되지 않았을 때 밥을 먹는다고 한다. 편하게 격의 없이 대화를 나눌 수 있기 때문이란다. 마지막으로 경쟁 업체 대표와의 점심은 많은 것을 배울 수 있다고 했다.

기업을 성공시키는 데 지식, 아이디어, 재능, 대단한 배경과 돈이 중요한 요소임이 틀림없다. 그러나 이러한 것들이 성공으로 이어지기 위해서는 많은 사람의 도움이 필요하다. 혼자서는 할 수 없다. 구슬이 서말이라도 제대로 꿰어야 보배가 되듯, 성공 요소를 제대로 꿸 줄 알아야 하는데, 이때 다른 사람의 도움만큼 좋은 것은 없다.

미국의 역사학자 조지 버튼 애덤스는 "세상에 자수성가한 사람은 없다. 성공은 대체로 주변의 수천 명 덕분에 이룬다. 작은 선행을 베풀어준 사람, 격려의 말 한마디를 건넨 사람, 모든 사람이 우리 개인의 성격과 생각의 형성, 그리고 성공에 한몫했다."라는 말을 했다.

성공한 기업가가 되기 위해서는 필요한 사람을 알고 그들과의 관계의 힘을 잘 활용해야 한다. 그런 점에서 점심은 관계를 이어주는 훌륭한 수단이다. 입이 열리면 마음도 열린다. 누구와 밥을 먹고 어울리느냐가 창업기업의 성공 지표다. 자주 밥을 같이 먹는 사람들이 많을수록 기업이 성공할 확률이 높다. 다양한 사람들과 먹는 점심은 단순한 한

끼가 아니기 때문이다.

　그러나 밥 한 끼의 의미를 달리 해석해서는 안 된다. 밥이 곧 일의 성사란 불순한 의도다. 밥을 활용한 청탁이 되기 때문이다. 선을 넘어가거나 욕심을 부려 사업을 하다 보면 잘 되는 것처럼 보이지만 나중에 문제가 생겨 신뢰가 떨어진다. 심지어 법적인 책임을 지기도 한다. 커피를 마시고 밥을 먹는 행위를 '사업을 하다 보면 어쩔 수 없는 관행'이라고 생각하는 순간 청탁으로 변질하여 기업에는 큰 위기를 맞게 된다. 기업 본연의 목적은 이윤 추구에 있지만, 그 방법과 과정에는 윤리적 가치가 동반되어야 한다. 이것은 기업과 기업가가 사회적으로 존경받기 위한 덕목이기도 하다.

　내가 1인 기업을 10년 동안 경영하면서 수많은 일을 할 수 있었던 것은 신뢰와 윤리적 바탕으로 한 대가 없는 '런치 십'을 활용했기 때문이다. 신뢰가 쌓이면 일은 자연스럽게 들어온다. 런치 십에 대한 가장 잘못된 믿음은 일을 만들기 위한 청탁으로 여긴다는 거다. 런치 십을 잘 활용하는 기업가는 다르다. 일은 뒷전이다. 사람들에게 도움 주기 위해 지식과 자원, 시간과 에너지를 나누고 공유부터 먼저 한다. 내가 필요한 것을 먼저 얻는 게 아니라 다른 사람들이 뭔가 필요할까를 먼저 생각한다. 다른 사람이 더 성공할 수 있는 방법을 찾는다. 그런 기업가는 자연스레 자신의 가치도 늘어난다.

　명품은 단순히 좋은 품질만이 아닌 그 이상의 일관된 전통, 희소성 등을 갖추고 있는 제품을 말한다. 명품의 조건은 1인 창조기업가에게

80

도 적용된다. 성공한 1인 기업가가 되려면 단순히 거래에 익숙한 관계를 넘어 인간의 관계가 되어야 한다. 그것이 명품 기업가다.

"경영자의 정직한 품성과 도덕성이야말로 존경받는 경영자의 근간이다. 바른길을 걷는 경영자의 자세는 그를 따르는 모든 부하 직원들의 본보기가 될 뿐만 아니라 장기적으로 창조적 기업의 발판이 된다."라는 피터 드러커의 말을 새겨들어야 할 것이다. '런치 십'을 할 것인가? 청탁할 것인가?

〈Tip & Talk〉

"기업의 흥망과 생사는 궁극적으로 기업가의 사람됨에 달려 있습니다. 이윤 추구에 목표를 당연히 두어야 하지만 그래도 바른길을 가겠다는 신념과 철학을 잊어서는 안 됩니다." 이 말은 이나모리 가즈오(稻盛和夫) 교세라 명예회장이 한 말입니다. 그는 윤리 경영의 선구자, 경영의 신으로 불리는 일본에서 가장 존경받는 기업인입니다.

그는 성공을 사고방식, 열의, 능력이 갖추어져야 가능하다고 이야기합니다. 특히 그는 3가지 중에서 사고방식이 가장 중요하다고 강조합니다. 사고의 방향이 부정적이면 열의나 능력이 모두 엉뚱한 방향으로 흘러가기 때문입니다. 방향이 제대로 잡히면 열정과 능력이 상승작용을 일으켜 성취 못 할 일이 없게 된다는 것입니다.

돈을 벌고 싶습니까? 성공하고 싶습니까? 그러려면 점심을 먹어도 자기만의 윤리 의식을 가져야 합니다.

최초와 최고가
아니라 틈이다

산악인들이 산 정상을 오르는 방법은 2가지가 있다. 퍼스트인 클래스와 베스트인 클래스다. 베스트인 클래스는 알려진 루트를 가장 빨리 가는 것으로, 일반적으로 가장 많이 사용하는 방법이다. 이와는 반대로 퍼스트인 클래스는 한 번도 가보지 않은 길을 개척하는 것이다. 이 방법으로 도전하는 사람들을 루트 개척자라 부른다. 그들은 새로운 길을 개척하는 과정에서 목숨을 걸어야 할 때도 생긴다. 세계 최고봉인 에베레스트에 초등 루트를 개척한 산악인들 이름이 붙여진 길들이 있는 이유가 그 때문이다. 이는 어떤 방법을 이용해 어떤 길을 거쳤는지에 의미가 담겨 있다. 그러나 퍼스트인 클래스도 영원하지 않다. 언젠가는 그 길도 베스트인 클래스가 되기 때문이다.

기업을 운영하다 보면 여러 행사에 초대된다. 바쁜 시간을 쪼개어 간 행사에 빠지지 않는 것이 특강이다. 참석한 기업들 모두가 창업기업이라 주제도 기업가 정신이 주를 이룬다. 그런 강의에 이런 얘기는 빠지지 않는다. "남이 가지 않은 길을 가라! 최초로 가는 길이 최고가 될 수 있는 길이다. 그곳이 절벽이라면 뛰어내려라! 뛰어내리는 사람은 절대 죽지 않는다. 실패는 두려워서 생기는 것이다." 맥락을 살펴보면 실패를 두려워하지 말고 최초나 최고를 향해 도전하라는 것이다. 맞는 말이긴 하지만 듣고 있으면 왠지 불편하다.

기업 IR 행사도 그렇다. 자신의 제품이 최초이며 최고라고 말을 한다. 그리고 자신들의 서비스가 시장에 나오는 순간 획기적인 서비스가 될 거란다. 모두가 최초, 최고, 획기적이란 단어에 얽매여 있다. 실현만 되면 명예와 부를 한꺼번에 쥘 수 있으니 선망의 대상임이 확실하다. 하지만 기적 같은 확률을 뚫는 자리이니 뛰어난 능력과 각고의 노력은 필수다. 거기에 시기와 운도 따라 줘야 한다. 그 과정에서 실패를 수시로 겪게 된다. 오랫동안 어려움도 견뎌야 한다. 때론 실패를 극복하는 데 더 많은 시간을 써야 한다. 꿈을 꾸기는 쉬우나 이루어 내는 건 어렵다.

기업에 있어 획기적인 게 모두 성공으로 이어지는 것은 아니다. 선발자 우위가 반드시 통용되는 것은 아니기 때문이다. 하늘 아래 새로운 것은 없다. 비즈니스모델이 유사하거나 같은 사업들이 수없이 존재한다.

페이스북은 최초의 SNS 서비스가 아니다. 1995년에 서비스를 시작한 클래스메이트(classmate)와 1997년 서비스를 시작한 식스디그리(sixdegrees)란 서비스가 그 시초다. 지금의 페이스북보다 먼저 본인의 프로필, 친구 리스트 등을 공유하는 서비스를 제공했지만 실패했다. 최초의 비즈니스모델에서 변화와 차별화를 만들어 더 나은 서비스를 제공했던 것이 페이스북이다.

스티브 잡스는 전혀 새로운 것을 만드는 창조적 기업가는 아니다. 무에서 유를 만들기보다는 모방과 응용을 통해 제품을 개량했다. 아이팟의 탄생이 대표적이다. 기존 MP3의 불편함을 개선하고자 만든 제품이다. 그는 관찰과 통섭을 통해 창의적인 아이디어를 만들어 냈다. 창의적인 생각은 멀리 있는 것이 아니다.

내가 첫 창업을 정보제공 아이디어로 사업을 시작했을 때 틈을 찾는 과정도 그렇다. 1997년 PC통신에서 스타들의 패션 정보를 제공하는 〈스타 패션 따라잡기〉란 서비스가 젊은이들 사이에 인기를 끌었다. 통신사에서 꽤 매출이 높은 서비스였다.

회원들 대부분은 독특한 패션 스타일을 좋아하는 X세대, 밀레니엄 세대들이다. 그들은 유행을 선도하지만 따라가기도 한다. 특히 스타들의 패션은 스타일링의 흐름을 이해하는 데 도움이 된다.

그때 '스타들의 옷에만 관심 있을까?', '그 옷을 사서 입진 않을까?', '스타들이 입었던 옷은 단순 구제품이 아니다.'라는 생각을 했고, 이를 실천으로 옮겼다. 그렇게 틈을 벌렸기에 〈스타 소장품〉 서비스가 탄생하였다. 1인 기업을 운영하면서 어떠한 형태 등 다양한 틈을 찾아내려고 애썼다. 기획에서부터 모든 사물을 비틀어 보고, 관찰했다. 관점이 바뀌면 시선도 바뀐다. 관점을 바꿔 비틀어 보기 위해서는 관찰해야 한다. 남과 같은 시각으로 보면 응용력이 생기지 않는다.

지자체 문화 일자리를 기획하면서 경험한 사례 역시 같은 이유다. 내가 사는 지역에는 지역민들로 구성된 〈풍자 연극단〉이 있었다. 중장년

층으로 구성된 연극단이라 다루는 주제가 한정적이었다. 그러니 공연만 하면 주민들의 호응이 없다. 문화 일자리 목적으로 만들었지만 유지되는 것이 신기했다.

구청에 자주 오가던 내게 담당자는 극단 자체가 없어지지 않을까 하는 고민을 토로했다. 그에게 "풍자 연극단은 너무 진지해서 재미없다. 재미있어야 사람들도 호응한다."라는 말을 했다. 나는 재미를 줄 수 있는 건 코미디밖에 없다고 생각했다. 지역에서 활동하던 개그맨을 섭외해서 탄생한 것이 해운대 코미디 극단인 〈해운대 개그 학과〉다. 죽어가던 문화 일자리를 전국 지자체를 대표하는 문화 일자리로 자리매김하게 된 것 역시 단순한 틈을 찾아냈기 때문이다.

기업가는 새로운 길에 목숨을 건다. 창조를 위해서는 기존의 생각을 모두 버려야 한다는 강박관념을 가지고 있다. 나는 생각이 다르다. 창조적일 필요도 독창적일 필요도 없다. 이미 새로운 길을 가고 있는 기업이 간 길을 바탕으로 새로운 길을 만들면 된다. 힘이 덜 들어간다. 불확실성과 시행착오도 줄어든다. 시장을 관찰할 기회도 생긴다. 더 좋은 결과도 얻을 수 있다. 성공한 비즈니스는 최초와 최고 사이에 틈을 찾아내는 것이다. 아무리 완벽한 사업이라 해도 틈은 있기 마련이다. 그틈을 비집고 뚫으면 들어갈 자리는 반드시 생기게 마련이다.

기획은 창작의 고통을 수반합니다. 기획자로서 그 고통은 당연히 가져야 합니다. 하지만 많은 기업가가 창조의 고통을 반드시 가지려 합니다. 1인 창조기업이기 때문인가 봅니다.

최초는 영원하지만, 영원할 것 같은 최초도 최고가 될 수는 없습니다. 많은 1인 기업가들이 선도자를 꿈꿉니다. 그래서 늘 새로운 길을 가려고 합니다. 10년 정도 운영하다 보니 새로운 길보다 샛길은 많다는 것을 알게 되었습니다. 샛길을 간다고 해서 성공하지 못한다고 생각지 않습니다. 남이 가고 있는 길에서 새로운 길을 만들어 가는 것도 신루트 개척입니다. 1인 기업으로 성공하려면 최초와 최고에서 시도되지 않은 다른 방식이 시도되어야 합니다. 그것을 가능케 하는 것이 바로 틈입니다.

돈에는
대가가 따른다

기업에 있어 돈은 신이자 힘이다. 돈이 있으면 기술 개발을 할 수 있고, 쓰러져 가는 기업도 살릴 수 있다. 돈 있는 기업은 어디서든 당당하다. 절대 아쉬운 소리를 하는 법이 없다. 심지어 돈 많은 기업은 망해도 갑자기 망하지 않는다. 돈으로 해결하기 때문이다. 돈을 좋아하는 기업을 천박한 기업이라고 생각하는 사람도 사실 돈을 좋아하는 경우가 적지 않다. 특히 창업한 기업이 돈을 마다하기란 쉽지 않다. 창업기업에 있어 돈은 버틸 수 있는 생명줄과 같기 때문이다. 은행의 대출 창구가 붐비는 이유가 그 때문이다.

많은 이들이 빚도 자산이라고 말한다. 나는 생각이 다르다. 빚은 그냥 빚이다. 감당하기 어려운 채무다. 요즘 들어 내 돈 들이지 않고 창업하는 정보들이 넘쳐난다. 의무가 없으니 부담이 적어 빚으로 생각하지 않는다. 예비 창업가들이 지원금이나 공모사업에 벌 떼 같이 모여드는 이유가 그것 때문이다. 전자든 후자든 내 주머니에서 나오지 않은 돈은 모두 빚이다.

 미국 드라마 〈워킹데드〉에 나오는 좀비를 가리켜 '워커(walker)'라고 부른다. 그들은 생존하기 위하여 산 사람들이 있는 곳에 모여든다. 지원금이나 창업자금에 목매는 창업가들을 '워커'라 불러도 어색함이 없다.

 "산다는 것은 세상에서 가장 어려운 일이다. 대부분의 사람은 그저 연명할 뿐이다." 소설가 오스카 와일드의 말이다. 생존해도 수익 없이 연명하는 기업들이 부지기수다. 열정적인 창업기업도 어느 순간 돈 앞에 무너지는 경우를 많이 봐왔다. 처음 시작할 때의 열정은 온데간데없고, 오직 지원 사업에 모든 것을 다 건다.

 창업 초기 같은 창업센터에 입주한 인터넷 언론을 운영하는 기업이 있었다. 자체 생산하는 콘텐츠도 좋았다. 그런데도 기업을 키울 생각은 하지 않고 공모전이나 정부 지원 사업에만 치중한다. 비즈니스모델이 자리 잡기도 전에 목표가 매번 달라진다. 만약 목표가 확실한 상태에서 지원금이나 창업자금을 지원받았다면 상당히 성공했을 기업이다. 지원금을 성장 동력이 아닌 생계 동력으로만 사용했다. 지금도 내년에 있을 또 다른 지원 사업에 도전할 곳을 찾고 있다.

 나 역시 워커처럼 활동한 시기가 있었다. 인터넷 사업으로 확장한 후 자금 고갈로 돈이 필요했다. 이미 집을 담보로 은행에서 3억 가까이 되는 돈을 빌렸지만 계속되는 투자에 자금이 부족했다. 고용인력 지원금부터 정부 정책 자금과 함께 기술 담보로 기술신용보증기금에서 3억 원을 더 지원받았다. 1년을 넘기지 못하고 자금은 바닥을 드러냈다. 어떤 성과를 냈는지 알 수 없을 정도로 수많은 서류만 남겼다. 사업을 한 게 아니라 돈 쓰는 일에만 몰두를 한 것이었다. 남의 돈을 받아 사업을 추진하면서 가장 크게 느꼈던 것은 돈이 모든 것을 해결해 주지 않는 다는 것이다. 결국 그런 돈들의 대가는 혹독했다. 8년이라는 기간 동안 나의 발목을 잡아, 일용직 생활을 하게 했다.

1인 기업에 다양한 지원과 창업자금은 비즈니스모델을 검증받을 수 있는 훌륭한 도구다. 시드 머니로 사용하게 되면 원동력을 얻어 더 크 게 성장할 수 있다. 성공하는 1인 기업은 지원금이나 창업자금을 신중 하게 신청하고 사용한다. 반면 지원금을 가지고 연명하는 워커들은 좋 은 기술이나 콘텐츠를 가지고 있어도 사업을 키우지 않는다. 지원금을 공짜로 생각하기 때문이다. 공짜로 인식하고 지원금을 사용하는 순간 달콤한 덫에 걸려든다. 10년이 가도 기업은 창업 초기 그대로다. 역량 도 부족하다. 어느 것 하나 제대로 할 줄 아는 일이 없다. 초기 창업자 금이나 정부 지원금은 기업 성장의 유일한 대안이 될 수 없다. 지원금 이 말대로 지원이지, 사업 성장의 동력이 아니기 때문이다. 매년 이번 지원금은 무엇일까? 찾아다니는 1인 기업으로는 성장할 수 없다. 정부 지원금이나 창업자금은 비즈니스모델을 구현하기 위한 수단이지 목표 가 되어서는 안 된다.

나는 다시 창업하면서 남의 돈으로 사업하지 않겠다고 다짐했다. 언 젠가는 돌려줘야 하기 때문이다. 그 약속은 지금까지도 잘 지켜가고 있 다. 많은 1인 창조기업들이 자금을 유치하는 게 사업의 첫 시작이라 생각한다. 자금을 마련하기 위해 무리하게 힘도 쓴다. 모든 창업자에게 있어 가장 큰 고민이 바로 창업자금이다.

물론 자기자본으로 창업하는 경우는 거의 없다. 그래서 '누가 투자만 좀 해주면 되는데.'라는 생각을 갖기 마련이다. 그런 생각은 애초에 갖지 않는 것이 좋다. 가능하면 자기자본으로 감당할 수 있는 한도 내에서 계획하고 기업을 운영해야 한다. 사업에 실패했을 경우 최소한의 타격을 받게 만드는 방법이다. 지금과 같은 창업 환경에서 실패한 기업이 다시 회생하는 것은 불가능에 가깝다. 실패한 기업가가 다시 일어설 수 없는 이유는 과도한 채무 때문이다. 세상에 공짜로 쓰는 돈은 어디에도 없다. 그래서 최소한의 자본금을 확보하고 창업해야 한다. 기업을 운영하면서도 틈틈이 자본을 축적시켜야 한다. 자금이 꼭 필요한 시점이 오기 때문이다. 그때를 위해 모아두어야 한다.

많은 창업가들이 돈 아니면 사업하기 힘들다고 이야기합니다. 로또 당첨을 바라는 마음으로 남의 돈에 기웃거립니다. '성공만 하면 되지.'라는 생각에 빚으로 사업을 시작합니다. 갚지 않는 돈처럼 보여도 시간이 지나면 반드시 대가가 따릅니다.

창업기업 지원금은 최소화되어야 합니다. 자신의 비즈니스로 매출을 일으키고 수익을 스스로 만들어 내야 합니다. 그렇게 운영하려는 노력이 더 중요합니다. 지원금을 받고자 너무 많은 에너지를 쏟아서는 안 됩니다. 지원금을 받는 것보다 받지 않는 것이 더 심플하게 사업을 잘 이끌어 갈 수 있습니다. 세상에 공짜로 쓰는 돈은 없습니다. 돈에는 반드시 대가가 따릅니다. 기업은 돈보다 능력과 경쟁력 있는 상태일 때 성공합니다.

답은 실행이다

"콘텐츠 기획자가 유튜브를 하지 않은 게 말이 되냐?"라는 말을 만나는 사람마다 한다. '유튜브를 해야지.' 생각만 하고 몇 년째 하지 못하고 있었다. 그러다 작년 11월 한 대학에서 운영하는 평생학습 프로그램에 등록했다. 친한 후배의 강력한 권유 때문에 등록할 수밖에 없었다.

생각만 하고 실천하지 못한 건 '무슨 콘텐츠로 하지? 장비가 없는데? 시간만 버리고 돈은 안 되고.' 같은 속마음이 있었기 때문이었다. 근데 의외였다. 콘텐츠는 의외로 무궁무진했다. 간단한 장비로도 얼마든지 촬영과 편집이 쉬웠다. 돈을 버는 데 오래 걸리겠지만 콘텐츠를 만든다는 기분으로 계속하고 있다. 평생학습 프로그램 과정 수료식이 있던 날 대학 산학협력 단장이 "마음먹기는 쉬우나 실천하기는 힘듭니다. 수료하게 된 순간부터 정말 힘들어집니다. 그러나 꾸준하게 영상을 찍고 올려야 합니다. 성공은 그 뒤에 따라오는 겁니다."라고 말했다. 옳은 말이다.

유튜브로 성공하는 사람들은 꾸준하게 영상을 찍고 올리는 사람들이다. 그들은 하고자 하는 일에는 미친 실행력을 가지고 있다. 끊임없는 실행은 성공할 수밖에 없는 강력한 원동력이 된다. 내가 유튜브를 시작하면서부터 사람들을 만날 때마다 유튜브를 하라고 한다. 유튜브를 하면 브랜드가 생기고, 콘텐츠가 만들어지고, 책도 쓸 수 있고, 잘하면 돈도 벌 수 있다고 말한다. 무엇보다 지금 시작하라고 한다. 모두가 블루오션이라 말하지만 그런데도 하라고 한다. 특히 코로나 팬데믹 시대 이후를 대비하려면 유튜브만 한 게 없다. 또한 1인 기업에 있어서 유튜브는 꼭 필요하다. 그 말에 대부분 동의하지만 실천하는 사람은 거의 없다. 다들 중요하다는 것은 알지만 쉽게 하지 못한다. 그것 역시 꾸준하게 할 수 있을까? 하는 생각에서 기인한다.

　일본의 경영 컨설턴트인 간다 마사노리는 "99%의 사람들은 현재를 보면서 미래가 어떻게 될지를 예측하고, 1%의 사람만이 미래를 내다보며 지금 어떻게 행동해야 할지 생각한다. 당연히 후자에 속하는 1%의 사람만이 성공한다."라고 말했다. 실행의 중요성을 강조한 말이다.

　성공하는 사람들은 지식이나 아이디어를 바로 실행에 옮긴다. 견문과 영감이 있어도 실천하지 않는 사람은 실패한다. 타고난 영재가 천재로 살지 못하고 평범한 범재로 사는 경우가 있다. 아무것도 가진 것이 없지만 부자가 되는 사람도 있다. 모두가 실천 때문이다. 아는 것에 그치지 않고 행하는 사람은 성공한다. 지식이나 영감, 재능이 아무리 뛰어나도 실행하지 않으면 무용지물이다. 위대한 성공은 끊임없이 실천함으로써 이루어진다. '그런데도'를 넘어 실행해야 성공한다.

유튜브를 하는 것도 그렇다. 영상을 꾸준하게 올리지 않으면 구독자가 늘지 않는다. 이미 구독한 사람도 떠나간다. 유튜브를 성장시키려면 끊임없이 사부작거려야 한다. 그렇게 영상을 올려야 한다. 되든 안 되든 계속 찍고 편집하다 보면 좋은 영상 하나쯤은 반드시 나온다. 좋은 영상을 찍어야지 생각만 하다 보면 영원히 기획만 하고 찍을 수 없다. 그게 순서다. 생각만으로는 유튜브를 할 수 없다.

같이 일하는 차석호 작가는 출판사 대표다. 그는 유튜버라 당당히 얘기한다. 구독자가 늘지 않아도 전혀 신경 쓰지 않는다. 그에게 재미없다는 핀잔도 하지만 1년이 넘도록 꾸준하게 영상을 찍고, 편집하고 업로드하고 있다. 그렇게 잘 쌓인 콘텐츠 덕분에 구독자가 조금씩 생겨나고 있다. 간단하게 만든 영상을 잘 정리하여 책도 집필한다. 가만히 있거나 생각만 하는 사람은 성공하지 못한다는 것을 실행으로 보여준 기업가다. 성공하는 사람들은 끊임없이 무엇을 해결하려는 사람이다. 해결은 실행 없이 불가능하다. 실행을 잘하기 위해서는 계속 사부작거려야 한다.

난 유튜버인 신사임당의 영상을 거의 빠짐없이 본다. 그가 다양한 사람들을 만나 인터뷰하고, 영상 편집과 유튜브 업로드까지 쉽지 않은 일을 해내는 실행력은 놀랍다. 그가 쓴 《킵고잉 KEEP GOING》에서 꾸준히 유튜브에 동영상을 올릴 수 있는 비결을 이렇게 썼다. "나는 매주 일요일을 생각하는 날로 정했다. 그날은 어떤 것도 실행하지 않고 오직 생각만 한다. 그리고 월요일부터 토요일까지 실행해야 할 일 목록을 짠다. 월요일부터 토요일까지는 업무 결과에 대한 피드백이나 개선안을 생각하지 않고, 실행만 한다. 힘들어도 불평하지 않고, 결과가 좋아도 행복해하지 않고, 결과가 나쁘다고 좌절하지도 않는다. 그저 실행할 뿐이다. 회사에 소속된 직원처럼 일하는 것이다."

경영학자인 고바야시 가오루 교수는 피터 드러커의 경영 철학을 정리한 책《피터 드러커 리더가 되는 길》에서 이렇게 말했다. "유능한 리더는 세치혀(三寸舌)로만 립서비스하는 인간이 아니라 '행동하는 인간'이라는 점을 드러커 박사는 강조한다. 다시 말하면 유능한 리더는 총알이 날아오지 않는 안전한 후방진지에서 이래라저래라 지시와 명령을 내리는 사람이 아니라, 스스로 최전선으로 나가는 사람이며 현장으로 걸음을 옮기는 사람이라는 뜻이다."

성공한 사람들은 사업이든 어떤 일이든 꾸준히 실행한다. 실천은 원하는 결과물을 만들게 되고 좋은 성과를 얻게 된다. 성공한 사람들에겐 이유가 있다. 특히 1인 기업가로 성공하고 싶다면 그들이 성공할 수밖에 없었던 사부작사부작 실천하는 실행력을 가져야 한다.

늘 '언젠가'라며 하루를 때우듯 보내는 사람이 있습니다. 언제나 미래를 기다리고 과거를 후회하지만 정작 오늘의 행동이 없는 사람들입니다. 행위가 없으니 언젠가는 영원히 오지 않는 날입니다. 언젠가를 오늘로 만들기 위해서는 사부작거려 무엇인가를 끊임없이 실행해야 합니다. 관심 있는 것을 호기심으로 그치지 않고 풀릴 수 있게 실천해야 합니다. '언젠가', '어느 날', '머지않아'라는 날은 없는 날입니다. 그저 생각 속에만 있는 날이지요, 머릿속에 있기에 시작도 하지 않은 날입니다. 착수조차 없으니 그대로 멈춰 있는 날입니다. 로또를 사지 않고 당첨되면 이 돈으로 무엇을 할까? 라고 생각하는 것과 같습니다. 성공한 사람들의 공통점은 기회를 기다리지 않고 만들어 낸다는 데에 있습니다. 무엇이든 일을 마음먹었을 때 바로 실행으로 옮기는 사람들이 성공합니다.

내가 1인 기업을 꾸준히 할 수 있었던 것은 경영을 잘해서가 아닙니다. 만나고 싶은 사람을 만나기 위해서, 실력이 없으면 배우기 위해서, 궁금한 게 있으면 해결하기 위해 '행동'으로 옮겼을 뿐입니다. 오로지 행동하는 사람만이 답을 얻을 수 있습니다.

연결이 바로
경쟁력이다

"너와 나의 연결고리 이건 우리 안의 소리", 이는 한동안 유행한 힙합 가사다. 세상에는 모든 것이 떨어져 있는 것 같지만 연결되어 있다. 뉴턴은 '만유인력의 법칙'을 통해 우주의 모든 물체는 서로 끌어당기는 힘이 작용한다는 것을 밝혀냈다. 연결성도 입증했다.

연결성은 양면성을 가지고 있다. 선연과 악연이 그것이다. 예를 들어 먹이사슬처럼 형성된 연결은 서로 죽고 죽이는 악연이다. 상생의 연결은 서로 살리는 선연의 관계다. "뿌린 대로 거둔다." 흔히 쓰는 말이 있듯이 좋은 씨를 뿌리면 선연의 관계가 형성된다. 1인 기업가는 선연의 연결고리를 맺어야 한다. 그래야 경쟁력이 생긴다.

티브이 프로그램 〈놀면 뭐하니?〉에서 코너로 시작한 유플래쉬는 '선연의 연결'을 통한 협업이라는 모델을 제시하고 있다. 유재석에게 8비트 리듬은 어울리지 않는다. BPM 130 이상인 리듬을 좋아한다고 늘 얘기했기 때문이다. 어울리지 않을 것 같은 단순한 그의 8비트 드럼연주가 전혀 다른 장르의 음악으로 탄생된 것은 연결의 힘이다.

이를 가능하게 했던 것은 가까이에 있던 수많은 아티스트의 도움이 컸다. 유희열, 이적을 거쳐 윤상, 이승환 등 음악 좀 한다는 아티스트들이 만든 결과물은 아주 신선했다. 하나의 리듬 소스가 다양하게 연결된 집단지성을 만나 발라드, 힙합, 록 등 전혀 다른 장르가 되었기 때문이다. 또한 대중이 좋아할 만한 요소들을 모두 가지고 있었다. 그 어떤 것이 전혀 다른 것과 연결 지을 때 경쟁력이 있게 된다는 사실을 입증한 좋은 예다.

스티브 잡스는 연결을 통해 애플을 재창조시킨 기업가다. 2010년 9월 애플은 제품 업데이트 이벤트를 열었다. 아이팟 셔플, 아이팟 나노, 아이팟 터치의 라인업을 업데이트하는 자리였다. 잡스의 제품 발표가 끝나고 록 그룹 〈콜드플레이〉 리더 크리스 마틴이 발표장에 올라왔다. 제품 발표장에 참석한 이들은 대부분 IT 관계자다. 장내 분위기는 어수선했다. 여기저기 웅성거리기 시작했다. 오전 시간에 음향 효과도 부실한 무대를 〈콜드플레이〉 같은 대형 록 밴드가 참석하는 것은 이례적인 일이다. 크리스 마틴은 애플이 최고의 곡으로 만들어 줬다며 그들의 히트곡 〈Viva La Vida〉와 신곡을 불렀다. 예술적 감성과 애플의 기술적 DNA를 연결한 최고의 행사였다. 스티브 잡스는 CEO이기 이전에 훌륭한 기획자다.

몇 년 전 후배가 게임업체를 창업했다. 1년 만에 모바일 게임을 출시

했지만, 반응이 시원치 않았다. 낙담해 있는 후배를 데리고 방 탈출 카페를 데리고 갔다. 몇 년 전부터 부산에 방 탈출 카페가 생기기 시작했다. 재미있게 스트레스를 풀고 하루를 마무리할 즈음 나에게 문득 재미난 생각이 났다는 말을 남기고 헤어졌다. 몇 달이 지나 후배에게 연락이 왔다. 경남에 있는 방 탈출 카페와 협업을 한다고 했다. 그가 출시한 게임 스토리를 방 탈출 카페에 재현한다는 것이다. 후배의 게임을 빌린 방 탈출 카페는 체인화되어 전국에 생겨나기 시작했다. 전혀 풀리지 않을 것 같은 문제도 연결고리를 잘 만들면 한 번에 해결된다.

나 역시 그런 경험이 있다. 지인으로부터 남다른 결혼식을 원하는 예비부부를 소개받은 적이 있었다. "왜 남다른 결혼식을 원하느냐?"는 물음에 다른 사람 신경 써가며 결혼하고 싶지 않아서란다. 요즘 세대의 결혼관을 엿볼 수 있는 대답이다. "특별한 신랑과 신부만 있을 뿐 특별한 결혼은 없다." 이 말은 결혼 업계의 전설처럼 내려오는 말이다. 특색 있는 결혼을 꿈꾸기는 쉬우나 가족들의 설득이 어려워 생긴 말이다.

예비부부는 최고의 결혼보다는 자신들이라서 할 수 있는 결혼을 하고 싶다고 했다. 며칠을 고민하다 모델하우스 전시장에서 하는 결혼을 추천했다. 업무차 몇 번 가본 아파트 견본전시관이 있었다. 그들이 원하는 예식을 치르기에 손색없을 만큼 내부 인테리어도 좋았다. 이미 알고 있는 건설회사라 대관도 어렵지 않았다. 단순한 주택전시관이었던 장소가 그들만이 할 수 있는 색다른 결혼식장이 되었다. 그 후 모델하우스에선 강연, 파티, 전시, 공연 등 다양한 것을 기획할 수 있었다. 단순한 기획자가 건설사 주택전시관과 결혼이라는 연결고리를 만드는 순간 결혼 피디, 문화마케터라는 새로운 경력을 가지게 되었다.

1인 기업가는 전혀 어울릴 것 같지 않은 것을 연결하는 능력을 갖추어야 한다. 연결의 능력을 통해 기회를 잡고, 성장하고, 발전한다. 다양한 기업과 견련관계를 맺느냐가 성공의 척도가 된다. 같은 업종 간의 연결, 이(異) 업종 간의 연결, 연결을 잘 짓는 기업일수록 성공한다.

반면 연결 짓지 못하는 기업은 모두가 경쟁자라 여기고, 기업가 스스로가 최고라고 생각한다. 협업이 기업과 기업, 그리고 연관 산업이 함께 일하는 것 정도로 인식한다. 근데 기업을 운영하다 보면 그렇지 않다는 걸 알게 된다. 예상치 못한 연결은 좋은 기회를 가져다준다. 그런 연결이 쌓이고 쌓여 기업의 운명을 결정짓게 한다. 1인 기업가는 연결을 통해 협업에 필요한 것을 기획하고 사례를 꾸준하게 만들어야 한다. 협업은 확장을 기반으로 한 연결성이다. 그런 연결성은 또 다른 연결을 만들어 내며 새로운 관계 형성을 만들어 간다.

1인 기업에 있어 연결고리를 얼마나 잘 만드는가가 성공에 척도가 되기도 합니다. 연결을 통한 협업은 일시적인 현상이 아닌 사회 전반을 움직이는 새로운 패러다임으로 자리 잡고 있기에 1인 기업가에게는 피할 수 없는 숙명이 되어버렸습니다.

영어로 '협업'이라는 단어를 검색하면 2억 8천 개 정도의 결과가 나옵니다. 협업의 정의만 해도 많은 의미를 내포하고 있습니다. 협업이란 단순하게는 여러 사람이 협력하며 같이 일하는 것을 의미합니다. 새로운 가치 창출을 위한 도구가 협업입니다. 그러나 협업에는 반드시 연결성을 만들어야 합니다. 전혀 어울리지 않을 것 같은 것을 연결 지으면 그 파급 효과는 큽니다. 그저 자신의 비즈니스 안에서 구태의연하게 바라볼 것이 아니라 경계를 조금 넘으면 새롭고 신선한 비즈니스가 연결되기도 합니다.

페이스북이 성공한 원인은 타임라인 때문이 아니라, 사람과 사람들을 연결해 주는 알고리즘에 있습니다. 협업은 다름을 찾아 그것을 새로운 연결고리로 만든 것입니다. 그것을 잘하면 협업형 기업가가 되는 것입니다. 티브이를 보거나 음악을 들을 때 심지어 밥을 먹을 때도 지금 하는 행위와 전혀 어울리지 않을 것 같은 행위를 연결 지어보시기 바랍니다. 그런 연습을 통하면 새로운 연결점이 보입니다. 그 연결점에서 비즈니스의 확장과 그 누구도 하지 못하는 비즈니스가 탄생이 됩니다.

작은 일도 크게 본다

작은 일을 작게만 보는 기업가는 일을 보는 분별력이 짧아 큰일을 줘도 손해만 본다고 생각한다. 짧은 안목이다. 눈앞에 보이는 작은 이익 때문에 더 큰 영리를 보지 못한다. "사람은 돈에 목숨을 걸고, 새는 먹이에 목숨을 건다."라는 옛 속담은 이런 상황을 두고 하는 말이다. 반면, 작은 일을 크게 보는 기업가는 생각의 지평이 넓다. 자발적 손해를 감수하더라도 일을 크게 보려 한다. 지금의 이익보다 앞으로 늘어날 일에 관심을 가진다. 작은 이익이라도 나누며 베푼다. 당신은 작은 일을 어떤 시각으로 보고 있는가?

창업하고 몇 개월 동안 아무 일 없을 때의 일이다. 같은 시기에 비즈니스센터로 입주한 A사의 대표가 나를 찾아왔다. 그는 책상 앞에 노란 서류 봉투를 내놓으며 이렇게 말했다. "어제 나에게 일 하나가 들어왔는데, 난 금액이 너무 적어서 못 할 것 같아 내가 원하는 사이즈가 아니라서 말이야." 그의 말은 작은 일이고, 돈이 되지 않으니 하기 싫다는 거다. 서류 속에 있는 시방서를 보니 그럴 수 있겠다 싶었다. 그가 돌아간 후 문득 2002년 인터넷 사업으로 확장했을 때가 생각이 났다.

무리하게 확장한 탓에 매일 돈 걱정뿐이었다. 매달 20일이면 조마조마해 일이 손에 잡히지 않았다. 때마침 구청으로부터 전산 시스템 구축을 맡기겠다는 요청이 들어왔다. 전체 시스템 중 일부 프로그램 개발과 함께 수정하는 일이었다. 이미 만들어진 프로그램을 수정하는 일은 힘들다. 인력과 함께 시간을 더 투입해야 하는 경우가 발생하기 때문이다. 구청에서 제시한 금액은 규모보다 턱없이 적었다. 예산이 없다는 이유에서다. 반면 신경 쓸 일이 많아 보였다. 몇 푼 벌려다 발목 잡힐 수 있다는 생각이 들어, 이제 막 창업한 후배에게 일을 넘겨주었다. 그 후로도 이런 일들이 자주 들어왔다. 그때마다 여러 이유를 대며 하지 않았다. 일의 규모가 작아서, 직원들 인건비도 건질 수 없을 것 같아서…… 등 명목도 다양했다. 그렇게 큰일, 큰 이익만 좇다가 아무 일도 할 수 없었다. 그즈음 후배로부터 전화가 왔다. 현재 여러 지자체의 일을 맡아 하고 있다는 내용이었다. 그때의 개발 실적으로 지자체의 다양한 CS 관련 프로그램을 만드는 소프트웨어 전문 개발 업체가 되었다는 것이다.

다시 창업하면서 다짐한 것이 있었다. '일을 가리지 않겠다.'라는 것이다. 이 신조는 지금까지 지켜오고 있다. 기업을 운영하다 보면 다양한 형태의 일을 하게 된다. 온전한 일, 금액이 큰일이면 좋겠지만 그런 일만 있는 것은 아니다. 반 토막 나버린 일, 누가 하다 만 일, 작고 사소한 일, 부분적인 일, 돈 안 되는 일……. 일 종류도 다양하다.

큰일은 기업에 많은 이익을 가져다주지만 큰 수익으로 이어지지 않는 예도 있다. 비록 작은 일, 기능적이고 사소한 일을 하더라도 눈에 보이는 것만 보지 말고 전체를 봐야 한다. 총체적으로 보지 않으면 작은 일, 부분적인 일로만 남는다. 입체적 시각으로 보면 일의 흐름을 파악하게 된다. 추세를 알면 적확한 자신의 위치를 안다. 그 지점에서 역량이 나타난다. 그런 과정을 지나면 작은 일이 크게 보여 큰일이 와도 전혀 문제없이 해낼 수 있게 된다. 일이라는 게 맨 처음에는 작은 일로부터 시작된다. 작다고 해서 의기소침하거나 함부로 해서는 안 된다.

《도덕경》에는 "세상에서 가장 어려운 일도 그 시작은 쉬운 일이고, 세상에서 가장 큰 일도 그 시작은 미세하다."라는 말이 나온다. 새겨야 할 말이다.

교세라를 세계 초일류기업으로 성장시킨 이나모리 가즈오 회장은 작은 일을 소중하게 여기는 사람이다. 사소하고, 작은 일을 성공적으로 해냈을 때 크게 감동한다. 그의 저서 《왜 일하는가》에 이런 일화가 소개되어있다.

교세라를 세우고 얼마 되지 않아 머리가 좋은 청년 한 명을 채용했다. 이나모리 회장은 그에게 데이터 측정하는 일을 맡겼다. 데이터 실험 결과가 정확하면 이나모리 회장은 경망스러울 정도로 기뻐했다. 이런 일이 잦자 청년은 기뻐하는 회장의 모습을 이해할 수 없었다. 이미 예측하고 실험했기에 원하는 데이터가 나오는 것은 당연했기 때문이었다. 그러자 이나모리 회장은 청년에게 "자네가 알아야 할 게 있어. 작은 일에 기뻐할 줄 알고, 감동할 수 있는 것이야말로 세상에서 가장 멋진 일이야. 우리가 하는 일이 오랜 시간이 걸리고, 재미없어 보일 때도 있을 거야. 그러니 좋은 결과가 나왔을 때, 있는 그대로 기뻐하지 않으면 안 돼. 그 기쁨과 감동이 또 다른 새로운 에너지를 안겨주거든. 특히나 연구비도 적고 설비도 제대로 갖춰지지 않은 환경에서 연구를 계속해 나가야 한다면, 이런 작은 일에 기뻐하는 것으로 새로운 용기를 낼 수 있지."라고 말했다.

맞는 말이다. 큰일이 아니어도, 수익이 작게 나는 작은 일이라 하더라도 시각을 달리해 완수하면 기쁨과 감동, 성과까지 배가 된다는 사실이다. 성공하는 방법은 따로 있는 것이 아니다. 작은 일에서 나오는 긍정적인 에너지를 잘 사용하는 방법이 성공의 지름길이다.

영화를 보다 보면 우주에서 지구로, 한 지역으로 주인공이 사는 동네로, 끊임없이 화면이 줌인된다. 작은 일을 계속 확대해 거인의 시선으로 보면 소중한 큰 보물을 발견하게 된다. 성공은 일의 '양'이 아니라 전체의 흐름을 보는 '식견'이 결정짓는다. 당신은 지금 작은 일을 어떻게 받아들이고 있는가? 작은 일을 크게 받아들여야 한다. 그래야 큰 것이 되어 당신에게 되돌아올 것이다.

기업이든 사람이든 활기차기 위해서는 일이 있어야 합니다. 생기를 불어넣는 데는 일만 한 게 없습니다. 그런데 큰일이 기업에 활력이 될 수는 없습니다.

고대 그리스의 철학자 에피쿠로스는 "작은 것에 만족하지 못하면 어떤 것에도 만족하지 못한다. 가지지 못한 것에 대한 욕망으로 가지고 있는 것을 망치지 마라. 지금 가진 것이 한때는 간절히 바라던 것이었음을 기억하라."라는 말을 했습니다.

큰일을 하겠다는 마음이 나쁜 것은 아닙니다. 문제는 큰일만 생각하고 작은 일을 하찮게 여기는 태도입니다. 작고 하찮은 일을 소홀하게 여기는 창업가들이 큰일을 잘할 수가 있을까요? 그렇지 않다고 단언합니다. 큰일을 하려면 작은 일을 귀하게 여기고 최선을 다해야 합니다.

작은 일을 경험해 본 기업과 그렇지 않은 기업은 큰 차이가 있습니다. 한 뼘 차이는 사소해 보이지만 성패를 바꾸어 놓기도 합니다.

작은 일을 많이 경험하고 그 일에서 전체를 보는 눈이 생기면 큰일에 두려움이 없습니다. 하지만 작은 일에 안주하거나 전체를 보지 않으면 작은 일에서 큰일의 가능성을 볼 수가 없습니다. 성공을 보는 눈은 작은 일에서 이루어짐을 명심해야 합니다.

목표를 제어하는 게
목표다

'충실하게 오늘을 이어 나간다.' 이것은 나의 경영 철학이다. 1인 기업으로 다시 창업하면서부터 지금까지 중장기 계획을 전혀 세우지 않고 있다. 막연하거나 허황한 것에 시간을 낭비하지 않기 위해서다.

기업을 운영하면서 목표를 두고 중장기 계획은 세우기 마련이다. 3년, 5년 후에는 매출 얼마를 올릴 것이고, 순이익이 얼마가 될 거고, 몇 명의 인력을 채용하고, 어디에 투자하고, 어떤 새로운 사업을 만들어내고…… 모두 다 긍정적인 목표다.

구상한 대로라면 기업은 분명 성장해 있어야 한다. 하지만 현실은 계획한 것과는 전혀 다른 결과가 나오기 일쑤다. 그럴 때마다 변경해서 목표를 다시 잡아보지만, 날이 갈수록 흐지부지하게 된다. 처음에 세운 목표는 온데간데없이 결국 동력이 떨어져 아무것도 이루어 내지 못한다.

사회적 여건이나 내부 여건들이 받쳐주지 못하면 세부 계획들도 곧 잘 어긋나 버린다. 목표가 크고 이루어 내는 기간이 길면 어떠한 형태든 고비가 있기 마련이다. 아무리 끈기가 있어도 위기를 이겨내지 못하면 공언에 지나지 않는다. 때론 너무 무리하게 목표를 잡았다며 중도에 포기하기도 한다. 이런 생각에 지금까지 큰 목표보단 오늘 할 수 있는 계획만 세우고 실천해 왔다.

이런 생각을 가지게 된 것은 빚을 갚기 위해 보험 영업을 하면서 경험한 일 때문이다. 보험 회사는 정해진 월급이 없다. 자신이 노력한 대가에 따라 매달 수수료가 지급된다.

교육 담당 매니저는 신입 설계사들에게 "여러분들은 자영업자다. 개개인이 사장인 동시에 피고용인이다. 그러니 연봉을 스스로 정해야 한다."라는 말을 했다. 강제적이지 않지만, 사무실 현황판에 이름과 연봉을 적게 했다. 다들 억대의 연봉을 적었지만, 유독 한 사람은 달랐다. "오늘만큼만 꾸준하게 일하자." 간단한 메모였다. 팀장을 비롯해 다들 비웃었지만, 아랑곳하지 않았다. 쉽지 않은 행동이다. 그는 작은 계약이라도 꾸준하게 계약했다. 난 노력했지만, 계약 한 건 성사하는 데 몇 달이 걸렸다. 그런 나에게 그는 이런 말을 했다. "보험 하루 이틀 할 것 아니라면 목표를 제어해야 한다. 터무니없는 목표 때문에 벌 기회도 놓친다." 맞는 말이다.

지금 그는 지역을 담당하는 본부장이자, 방송에선 재무 전문가로 활동하고 있다. 방송에서 그는 이런 말을 한 적이 있다. "신입 설계사들도 두 종류로 나뉩니다. 일반적인 설계사와 노련한 설계사입니다. 대부분 일반적인 설계사는 입사하게 되면 억대 연봉을 꿈꿉니다. 하지만 노련한 설계사는 자기가 벌 만큼만 생각합니다. 이제 막 입사한 설계사들의 목표는 이렇습니다. '목표는 크게 꿈은 원대하게.' 돈을 많이 벌기 위한 목적이니 당연합니다. 가망고객을 만드는 것도 사돈 팔촌에 이르기까지 아는 인맥 총동원합니다. 하루에 수십 명을 만나지만 다른 날은 한 명도 못 만나기도 합니다. '보험 한 방이면 몇 달 치 월급이 만들어진다.' 인생 한 방이듯 보험도 한 방을 노립니다. 반면 노련한 설계사는 '하루하루가 오늘 같기를.' 항상 그런 마음으로 일합니다. 영업이 잘되건 안되건 꾸준하게 한 명이라도 감사히 만납니다. 순간순간 적게 일한다는 기분으로 꾸준하게 일을 지속합니다. '보험은 원래 긴 호흡이 필요하다.' 그런 마음으로 끈기를 갖고 긴 시간과 공을 들입니다."

노련한 설계사와 일반 설계사는 지향하는 목표가 다르다. 노련한 설계사는 목표가 거창하지 않다. 작은 계약이라도 한 건 한 건 계약해 나가며 묵묵히 일을 지속하는 것이 목표다. 장대한 목표가 아니니 자신감 있게 일할 수 있다. 작은 목표도 차곡차곡 쌓이면 그 또한 큰 목표가 될 수 있는 것이다.

고다마 미쓰오는 자신의 저서 《아주 작은 목표의 힘》에서 "한 방울의 물방울이 계속 떨어져 바위를 뚫고, 한 줌의 흙이 모여 산을 이루듯, 대단해 보이고 위대해 보이는 어떤 목표도 언제나 작은 것에서 시작된다. 어떤 목표든 그 목표를 달성하는 유일한 길은 작은 일의 반복이다."라는 말을 했다. 나는 이 말에 전적으로 동의한다.

나는 목표를 위한 목표를 만들지 않는다. 큰 목표를 달성하기 위해

세부적인 목표를 다시 세워야 하기 때문이다. 그것보다 지금 당장 할 수 있는 일을 성실하게 한다. 당장 할 수 있는 일은 목표가 필요치 않다. 그러니 목표에 다다르지 못했다고 자책할 필요도 없다. 오늘 할 일을 하고 나면 작은 성취감이 생긴다. 작은 성취감은 피로를 줄여줄 뿐만 아니라 의욕이라는 도파민을 생성시킨다. 작은 성취감을 이루면 하루하루 희망이 생긴다. 아무리 작은 것이라도 그것이 내딛는 걸음걸음은 크게 나타나게 된다. "작은 것이 크고 힘이 세다." 이것은 진리다. 그 진리를 깨우치기까지 많은 시행착오를 겪었다. 성공이라는 자산은 작은 일을 해갈 때와 욕심을 뺄 때 쌓인다. 거기에 하나 더 목표를 제어할 때 성공에 더욱 가까워진다는 사실을 알아야 한다. 목표를 세우되 허황된 목표를 세우지 말고 심플한 목표를 세워야 한다. 그러기 위해서는 목표를 제어하는 습관이 필요하다.

  창업은 누구나 할 수 있습니다. 그러나 사업을 지속 유지하는 것은 결코 쉬운 일이 아닙니다. 그래서 성공한 창업가는 아무나 될 수 없습니다.

  많은 예비 창업가와 초기 창업가들이 무리하게 목표를 높이 정하는 경우를 많이 봤습니다. 창업자가 성공하기 위해서는 결과물에 수많은 피와 땀을 투여하게 됩니다. 그 과정에서 욕심을 부리는 경우가 많습니다. 과욕은 무리한 목표를 만듭니다. 과도한 목표는 몸과 마음을 상하게 합니다.

  1인 기업을 운영하면서 느낀 것은 한순간에 오는 성공은 금방 사라진다는 것입니다. 목표가 원대하다고 성공이 빨리 찾아오는 것도 아닙니다. 성공에 도달하기 위한 유일한 방법은 조금씩 지금 주어진 일에 최선을 다하는 것입니다. 그렇게 만들어진 성공은 오래갑니다.

  2014년 세월호 참사와 2015년 메르스를 겪으면서 나와 관계되는 많은 협력업체가 장기적인 계획과 목표 자체가 의미 없는 것이 되어버렸습니다. 변경하거나 하향 수정해 보았지만 끝내 계획이 무산됐습니다. 특히 메르스 사태는 단기적인 충격임에도 불구하고 준 피해는 아주 컸습니다. 근데 현재 코로나 상황은 어떻습니까? 이렇듯 예측을 넘어 시장의 변동이나 불측의 사태가 발생하여 예측할 수 없는 상황들이 수시로 벌어지고 있습니다. 이럴 때일수록 지금 당장 주어진 일을 어떻게 일할 것인가를 생각하고 노력해야 합니다.

노브랜드와 브랜드

대형할인점에 가면 노브랜드 코너가 있다. 브랜드는 없지만, 가격이 저렴하고 품질이 좋아 사는 이도, 파는 이도 모두 만족한다. 같은 종류의 제품이라도 브랜드 코너에 가면 가격이 비싸다. 부담은 있지만 사는 사람은 산다. 모든 상품은 그런 속성이 있다. 브랜드 때문이다. 파는 이는 제품을 판매하지만 사는 이는 이름값 하는 제품을 산다. 명품을 구매하는 이유다.

얼마 전 인재 평생교육 진흥원에 근무하는 친구가 강사 섭외를 부탁해 왔다. 대중적으로 알려진 명망 있는 강사였으면 한다는 조건이 있었다. 여러 명의 강사를 추천했고, 그중 한 분을 섭외해 일정을 잡았다. 이 사실을 알게 된 지인과 얘기하던 중 명망 있다는 것으로 기백 만 원의 강사료를 받은 것에 불만을 토로했다. 지역에도 기십 만 원 정도면 그런 강의를 충분히 할 수 있는 강사가 많다고 말했다. 그의 말에 동의

하지만 같은 주제로 강의해도 지명도가 있는 사람과 그렇지 않은 사람의 차이는 분명 존재한다.

알고 지내던 개그맨이 고정 출연하던 개그 프로그램에서 모습이 보이지 않았다. 코너에서 하차한 것이다. 어떤 개그맨은 피디로부터 "코너를 더 이상 유지할 수 없다."라는 말이 나오면 오금이 저린다. 반면 개그맨이 코너에서 하차할까 봐 전전긍긍하는 피디도 있다. 그가 없으면 프로그램 시청률이 휘청거린다. 어떤 개그맨들은 시청률을 위해 하차하는 것 자체가 도움이 된다. 왜 이런 차이가 생기는 것일까? 개인의 역량과 지명도 때문이다.

딴지일보의 김어준 총수는 기업가이자 시사 평론가다. 그의 이름을 모르는 사람은 거의 없다. 2000년대 초, 딴지일보와 '뭐 할 것 없을까?' 하는 마음으로 한 번 만나본 적 있다. 지금은 만나고 싶어도 만날 수가 없다. 그가 진행하는 시사 프로그램은 남다르다. 깊은 통찰이 있기 때문이다. 그의 추론은 뛰어나고 깊다. 누구와 토론해도 쫄지 않고 지지 않는다.

딴지일보 초창기만 해도 아무도 모르는 B급 언론이었다. 관심도 없는 인터넷 매체의 대표였다. 지금은 방송 출연료나 말 한마디가 화제가 되어 언론에 오르내린다. 진행하는 라디오 방송은 모든 시사 방송을 통틀어 시청률 1위다. 손석희를 능가한다. 심지어 그가 운영하는 유튜브는 100만이 가까운 사람이 시청한다. 이유는 오랜 기간 시사에 몸담으며 집중하고 파고들었기 때문이다. 무슨 일이든 10년 이상 몰입하면 어느 정도 경지가 오른다. 1만 시간의 법칙을 몰라도 20년 이상 하던 일에 집중하면 그 분야의 전문가가 된다. 브랜드가 된 셈이다.

1인 기업가는 브랜드를 만들어야 한다. 브랜드를 만들기 위한 최적의 조건을 가진 사람은 1인 기업가다. 기업을 운영하면서 이 일 저 일 다양한 일을 한다. 사업경력이 늘어날수록 비범하게 처리하는 일이 생긴다. 특출하게 일을 처리한다는 것은 적성에 맞는 일이다. 그런 일에 열중하다 보면 주특기가 생긴다. 시장에 오래 살아남을 수 있는 강력한 무기다. 사업경력이 늘어날수록 무기의 날은 날카롭다. 전문성이 생겼기 때문이다.

나 역시 그렇다. 1인 기업을 운영하면서 주특기가 몇 가지 생겼다. 인생 재생 기획자, 멘탈 코치가 그것이다. 10년 동안 일하다 보니 전문성이 생겼다. 전문성이 부족하면 배우고 익혔다. 시간이 오래 걸려도 갈고 닦았다. 나를 팔기 위한 충분한 가치가 있는 일이다. 기업가 관점에서 미래가 전혀 불안하지 않다. 브랜드가 만들어졌기 때문이다.

미국의 경영학자이자 경영 컨설턴트인 톰 피터스는 "어떤 프로젝트 팀에 가담하고 싶다면 머리끝에서 발끝까지 자신을 팔아야 한다."라고 말했다.

자신의 핵심 가치를 정의하고 자신이 원하는 기회를 잡기 위해서 끊임없이 자신을 브랜딩해야 한다는 의미다. 마케팅 전문가인 세스 고딘 역시 비슷한 말을 했다. "자신에 대해 여덟 단어 이하로 묘사할 수 없다면, 아직 자신의 자리를 갖지 못한 것이다."

개인의 브랜드는 전문적인 역량만을 의미하지 않는다. 외면의 이미지뿐만 아니라 내면의 정체성까지 아우르는 것이 핵심역량이다. 그렇기에 그냥 만들어질 수 없다. 기간도 오래 걸리기도 한다.

그렇다면 1인 기업가가 지금 하는 일을 브랜드로 만들기 위해서는 어떻게 해야 할까?

사업경력관리만 잘해도 브랜딩이 된다. 축적된 성과물의 관리는 중요하다. 커리어 코치를 하면서 많은 이들에게 경력관리의 중요성에 대해 말했다.

경력관리는 개인과 기업에서 생존의 문제다. 무엇을 잘하는지, 주특기가 무엇인지, 어떤 일에 흥미를 느끼는지 경력관리에서 나타난다. 경력관리는 브랜드를 만들기 위한 핵심 전략이다. 만약 지금 하는 일의 역량이 부족하다고 느낀다면 배워서라도 전문성을 갖추어야 한다. 세상은 일을 열심히 하는 사람이 아니라, 전문적으로 잘하는 사람을 필요로 한다. 남들보다 전문성이 없다면 이미 경쟁력을 잃었다는 이야기다. 그러기 위해서는 오랫동안 자신이 하던 분야의 내공을 길러야 한다. 그렇게 자신이 가치가 있음을 증명하다 보면 그것이 브랜드가 된다.

당신은 어떠한가? 노브랜드인가, 브랜드인가? 브랜드를 만들기 위해 어떻게 하고 있는가? 사업경력관리를 잘하고 있는가? 사업경력관리를 위해 어떤 노력을 하고 있는가? 이런 질문을 던져야 한다. 일을 주체적으로 하고 싶다면 확실한 무기 하나는 필요하다. 그래야 기업성공의 원동력이 된다.

"이 회사에 뼈를 묻겠습니다!" 이 말은 구직자들의 간절한 마음이 담긴 말입니다. 근데 지금은 생경한 표현이 되었습니다. 직(職)을 잃으면 업(業)이 사라지는 시대이기 때문입니다. 직은 직책이자 직장이었습니다. 업(業)은 조직에 있어야만 유지되었습니다.

이젠 시대가 변해도 많이 변했습니다. 평생직장이란 개념이 사라졌고, 어디에도 안정된 직장은 없습니다. 이런 시대에 경력은 중요하게 되었습니다. 경력을 위해 몇 번씩 직장을 옮기고 2~3개 직업을 동시에 갖는 것도 이러한 이유 때문입니다. 그런데 뚜렷한 전문성 없이는 업(業)이 유지될 수 없습니다. 자기 자신만의 업(業)을 만들기 위해 지금 하는 일에 몰두해야 합니다. 몰입하다 보면 비상하게 일을 처리하게 됩니다. 브랜드는 그렇게 만들어집니다.

나는 '기업가 자신이 브랜드가 되어야 한다.'라고 생각합니다. 기업가가 브랜드가 되면 기업성공은 밝습니다. 그러나 브랜드를 가지려 하다 본질을 놓치는 실수를 범하지 않았으면 합니다. 지금 하는 분야에 몰입과 내공이 쌓이면 브랜드는 자연히 만들어진다는 사실을 알아야 합니다.

부캐와 본캐

《신의 물방울》은 내가 본 와인 관련 서적 중 단연 걸작이다. 그런데 《소년탐정 김전일》을 보면서 같은 작가라고 생각하지 못했다. 일본의 작가인 기바야시 신(Kibayashi Shin)은 7개의 필명으로 활동하고 있다는 사실을 몰랐기 때문이다. 그가 집필한 《소년탐정 김전일》은 아마기 세이마루(Amagi Seimaru)로, 《도쿄 80's》는 안도 유마(Ando Yuma), 《신의 물방울》은 아기 다다시(Agi Tadashi)라는 각기 다른 이름으로 발표했다. 탐정물, 정치, 로맨스에 이르기까지 여러 개의 필명으로 다양한 장르의 작품을 만들어 냈다. 언론과는 아기 다다시(Agi Tadashi)란 필명으로 인터뷰한다. 가장 유명한 이름이기 때문이다. 그가 각기 다른 필명을 사용한 것은 유명한 작가라는 편견 없이, 독자들에게 오직 작품으로 평가받고 싶다는 생각에서였다.

'선태유', '천포'는 나와 같이 일하는 차석호 대표의 필명이다. 그도 마찬가지다. 1인 출판사 대표다. 출판사 에디터로 글쓰기, 독서 관련 코칭과 강의를 한다. 인공지능 전문가로 유튜버로 활동도 한다. 인문학 큐레이터라는 브랜드로 인문학 관련 강의도 한다. 본명과 2개의 필명으로 여러 권의 책을 썼다. 인공지능 관련 서적인 《인공지능의 미래 사람이 답이다》는 '선태유'로 썼다. 특히 시대추리물 소설인 《조선 명탐정 견음》은 '천포'라는 필명으로 썼다. 무엇을 전공했는지, 하는 일이 무엇인지 등 독자들의 편견을 없애기 위해서다.

운명 경영연구소의 오종호 소장은 실력으로 몇 개의 부캐를 가지고 있는 기업가다. 그의 본캐는 운명경영가다. 통찰 있는 명리 강의와 상담도 진행한다. 명리를 공부한 지 20년이 넘었고, 이 기간에 자기만의 해석 이론을 정립했다. 그가 진행하는 명리 팟 캐스트는 구독자가 꾸준히 늘고 있다. 깊이 있는 철학적 해석 때문이다. 유튜브도 마찬가지다. 그의 부캐는 브랜드기획자이자 강연 프로듀서다. 다량의 브랜드를 기획했고, 여러 강연자의 스토리 코칭도 했다. 시로 문단에 등단한 후 여러 권의 책도 썼다. 글쓰기 관련 강의와 코칭 능력도 뛰어나다.

수많은 사람이 '다중적 자아'로 활동하는 시대다. 부캐의 전성시대가 되었기 때문이다. 다양한 정체성을 드러내는 모습은 더는 개인에게만 국한되는 이야기가 아니다. '정체성의 멀티화'는 개인을 넘어 1인 기업 비즈니스 영역으로 확장되고 있다. 왜일까? 기업 환경이 많이 변했기 때문이다.

1인 기업으로 창업하는 사람들은 많지만, 기업수명은 짧다. 1가지 일만으로 성공할 수 없게 되었다. 10년 이상 생존하는 기업은 드물다.

1인 기업으로
다시 창업했습니다

기업가의 의지나 철학만으로 유지되는 시대가 지났기 때문이다. 비즈니스를 그때그때 바꿔 피벗하는 1인 기업들이 부지기수다. 저성장 뉴노멀 시대에 자기 능력과 관심사를 사업에 적극적으로 반영하고, 궁극적으로 수익을 추구하는 비즈니스모델이 필요하기 때문이다. 1인 기업도 성공을 위해서 부캐가 필요한 시대가 되었다.

모든 기업가는 이미지가 있어야 한다. 이미지는 브랜드다. 퍼스널 브랜드는 기업가의 철학적 정체성과 전문성이 필요하다. 브랜드가 하루아침에 만들어질 수 없는 이유다. 하지만 부캐는 다르다. 영감과 탁월성만 있다면 만들 수 있다. 발상이든 시각이든 남다르면 가능하다. 부캐의 존재 이유다.

예능 프로그램 〈놀면 뭐하니?〉에서 유재석은 여성 4인조 그룹 〈환불원정대〉를 이끄는 수장인 '지미유'라는 부캐로 활동했다. 지미유는 전설의 '탑 100 귀' 소유자다. 음악에 전문성은 없지만, 노래를 듣고 차트안에 들지, 안 들지 직감적으로 안다. 음악을 듣고 판단하는 귀가 남다르기 때문이다.

개그맨이자 1인 사회적 기업을 운영하는 허동환 대표는 나와 오래협력해 온 파트너이자 친구다. 그의 언어유희는 탁월하다. 지금 들어도재밌다. 그가 출연한 모든 코너의 대사를 외울 정도다. 언어유희로 탄생한 캐릭터가 '허둥9단'이다.

그가 나에게 "코너는 사라져도 캐릭터는 살아남는다."라고 말한 적이있었다. 첫 만남에서 어떻게 지내냐는 질문에 나온 말이다. 〈개그콘서트〉와 〈개그야〉 이후로 방송에서 전혀 볼 수 없어서 한 질문이었다. 방송하던 사람이 방송에 보이지 않으면 굶고 있는 줄 안다. 그런데 그는 정작 방송보다 더 바쁘게 지냈다고 했다.

회사대표, 콘텐츠 개발자, 행사 MC, 강사, 공연제작자 하는 일도 다양하다. 그에게 "개그맨 '허동환'과 캐릭터 '허둥9단'으로 활동했을 때 어느 쪽이 수익이 더 많이 발생하느냐?"라고 질문한 적이 있었다. 그의 대답은 간단했다. "허둥9단입니다." 특히 눈에 다크서클까지 그리면 출연료는 배로 올라간다고 했다. 그의 캐릭터는 부캐를 넘어 브랜드로 각인시켜 그가 당당하게 살아 있음을 증명하고 있다. 그의 말이다. "캐릭터를 일부러 만들어야지 하면 안 된다. 자연스럽게 만들어야 한다. 그 과정에서 자신의 탁월한 점을 먼저 찾아야 한다."

1인 기업가가 브랜드를 만들기 어렵다면 부캐를 만드는 것이 좋다. 본캐와 부캐가 달라도 괜찮다. 이외의 환경에서도 성공을 할 수 있는 길은 얼마든지 있기 때문이다. 부캐를 만들기 위해서는 잘하는 것을 콘텐츠로 만들어 보고, 지식에도 변화를 주는 것이 좋다. 남들과 0.01 퍼센트만 달라도 부캐는 성공한다.

직업 하나로 만족하지 못하는 시대입니다. 고도의 전문 지식으로 먹고사는 것도 어려운 시대가 되었습니다. 한 치 앞도 예측할 수 없는 시대에 살아남을 수 있는 유일한 대안은 부캐를 가지는 것입니다.

나는 1인 기업 대표가 본래 캐릭터입니다. 근데 부캐는 여러 개 있습니다. 그중 단연 미스터 엠제이(mr. M.J)는 새로운 영감을 일깨워 주는 오래된 부가 캐릭터입니다. 미스터 엠제이로 각종 파티를 기획한 지 10년이 되어갑니다. 생물학적 나이는 들었지만, 아직도 시들지 않는 젊음을 유지 할 수 있는 것은 부캐 때문입니다.

지금도 힙합 음악과 전자 음악에 몸을 맡길 수 있는 용기도 부캐 때문입니다. '이색기'는 픽업아티스트라는 또 다른 부캐입니다. NLP(신경-언어프로그래밍으로 인간 행동의 긍정적인 변화를 끌어내는 실용 심리학의 한 분야다.)를 가르쳐 준 나의 스승은 실패 치유 상담을 권했지만, 연애 상담이 더 적성에 맞아 활동한 부캐입니다. '젠틀몬'은 라이브 커머스의 호스트로 활동하는 부캐입니다. '이대로'는 청소년 진로 상담을 하는 부캐입니다. 내가 1인 기업가로 많은 일을 할 수 있었던 것은 부캐 때문입니다. 부캐 덕에 체득한 지식으로 기업을 운영하는 데 걱정은 덜었습니다. 전문성을 키웠기 때문입니다.

3

1인 기업가,

그들의

성공 자세

빠르다

권투 선수가 승리하기 위하여 공통으로 통하는 원칙은 '강해야 승리
한다.'라는 것이다. 또한 여기에 1가지 더 '빠르다'라는 것이 추가된다.
라이트급의 세계적인 복서인 라이언 가르시아(Ryan Garcia)는 주먹이 빠
르기로 유명하다. 큰 키와 긴 팔다리를 이용해 먼 거리에서 아주 빠르
게 공격한다. 주먹의 속도가 빠르고 임팩트가 좋아 KO율이 높다. 그의
잽은 상대 선수보다 빠르다. 원거리에서 잽을 던져 포인트와 데미지를
누적시킨다. 특히 레프트 훅의 속도는 굉장히 빨라 마치 잽처럼 사용한
다. 한번 걸리면 상대는 시쳇말로 '한 방에 훅 간다.' 상대의 주먹을 보
는 눈도 빠르고 좋다. 그래서인지 현재 그의 전적은 매우 좋은 편이다.

링 위에서 상대방보다 빠른 움직임은 한 방의 기회를 포착하기에도,
상대의 공격을 피하기에도 아주 중요한 자질이다. 패배하는 선수는 빠
르지 않다. 공격에 틈을 보여 많은 타격을 내준다. 승리의 가능성을 높
이려면 빨라야 한다. 이 같은 원칙은 기업 운영에서도 적용된다. 요즘

처럼 변화가 극심한 시대에는 빠르게 움직이는 것이 상책이다. "서두르면 일을 그르친다."라는 말은 이젠 옛말이다.

빠른 일 처리에 관한 한 애플 최고 경영책임자의 일화는 유명하다. 스티브 잡스에 이어 팀 쿡이 경영을 맡게 되었을 때 일이다. 중국 내 생산에 심각한 문제가 발생했다. 그때 팀 쿡은 팀원들을 불러 회의를 하던 중 "누군가 중국에 가줘야겠어요."라고 말했다.

회의가 끝나고 30분이 지났을 무렵 운영책임자인 사빈 칸을 발견하고 그에게 "아니, 당신 왜 아직도 여기 있지?"라고 말했다. 사비 칸은 바로 자리에서 일어나 샌프란시스코 국제공항으로 달려갔다. 옷을 갈아입을 겨를도 없이, 귀국 날짜도 정하지 않은 채 그렇게 곧바로 중국행 비행기에 올랐다. 해결 안 될 것 같은 문제도 기업가의 빠른 결단과 행동을 취하면 즉각 해결될 수 있다.

언론인이자 미국 대통령 홍보 비서관이었던 나폴레온 힐(Napoleon Hill)은 그의 저서 《생각하라 그러면 부자가 되리라》에서 "성공하는 사람들은 신속한 결단력의 소유자이며, 부를 축적하는 데 실패한 사람들은 예외 없이 결단이 매우 느리다."라고 말했다.

그는 백만 달러를 넘는 부를 축적한 수백 명의 부자를 분석했다. 부자들은 신속히 결정을 내리는 습관이 있다는 것을 알게 됐다. 생존하는 기업은 누구나 하지 않는 일을 하는 것이 아니라 누구나 하는 일을 가장 먼저 빨리하는 것이다. 어떤 식으로든 빨리 결정하고, 빨리 대처하고, 빨리 변화하고, 빨리 행동하고⋯⋯. 즉, 모든 게 빨라야 한다는 것이다.

같은 센터에 입주한 이 대표는 인터넷 쇼핑몰을 운영한다. 그는 행동도 빠르고 결단도 빠르다. 모든 일을 빠르게 처리한다. 직원들의 급여일이 되면 출근하자마자 직원들 계좌로 월급부터 송금한다. '어차피 줄 것 시간이 뭐 대수냐.' 하는 마음에서다. 급여를 받은 직원들은 아침부터 기분 좋게 일한다. 일의 능률은 100% 이상이다. 주는 이도 받는 이도 기분 좋아 사무실 분위기는 화기애애하다. 대표 책상 위에 간식이 가득한 날이면 급여 날임을 알 수 있다.

그는 고객을 대하는 태도도 빠르다. 고객의 불만 사항이 접수되면 바로 처리한다. 교환이든, 환불이든 빠른 피드백을 제공한다. 공급하는 물건 역시 반응이 시원치 않으면 과감하게 재빨리 물건을 뺀다. 그리고 다른 물건으로 신속하게 대처한다. 거래처 물품 대금 지급도 빠르다. 정해진 날 이른 시간에 대금을 지급한다. 그래서인지 거래처는 그를 믿고 최상을 물건을 가장 먼저 공급한다.

나 역시 그렇다. 1인 기업을 운영하면서 늘 빠른 것이 생명이라고 생각하고 실천해 오고 있다. 그런 생각을 가지게 된 건 과거 사업 확장과 정리하는 과정에서 빠르지 못했기 때문이다. 사업에 들인 시간과 공이 아까워 빨리 실패를 인정하지 않았다.

사업성이 불투명한데도 지지부진하며 질질 끌었다. 계속해서 투자하고, 인력을 늘리면 될 것 같은 생각에서였다. 빠른 인정과 결정은 피해 규모에 상당한 영향을 준다. 지금은 안 될 것 같은 비즈니스는 빨리 방향을 바꾼다. '할 수 있을 때까지' 이런 생각은 충분한 자금과 여유, 환경이 뒷받침되었을 때 가능한 일이다.

마이클 포터는 저서 《경쟁적 전략》에서 '21세기에 우월한 경쟁자가 되는 법'을 "아직도 만능 슈퍼맨과 같은 업체가 되는 꿈을 꾸는가. 그렇다면 인텔이나 IBM과 같은 기업의 경로를 따라가 보라. 대형 기업이라고 해서 모든 것을 다 잘할 것이라는 섣부른 생각은 버려라. 할 수 있는 것만 하고, 포기할 줄 아는 것도 기업이 해야 할 몫이다."라고 정의했다.

큰 기업은 조직이 비대해 느릴 것 같지만 누구보다 빠르고 신속하다. 삼성의 창업주인 이병철 회장은 사업을 계속 확장만 했을 것 같지만, 적지 않은 기업들을 정리해가며 확장했다. 시대의 흐름을 분석하고 예견해 가능성 있는 사업에 대해서는 과감히 투자했다. 시대의 흐름에 뒤처지는 사업은 빠르게 정리했다. 1975년 7월 사장단 회의에서 "경영자는 판단이 빠르고 후퇴도 빨라야 한다. 상황을 판단해서 안 될 것 같으면 남보다 몇십 배 빨리 후퇴해야 한다. 나는 지금까지 40여 개 기업을 일으켰으나 지금 20여 개만 가지고 있지 않은가. 정리해 가면서 발전해 가는 길을 모색해야 한다."라고 말했다.

1인 기업이 느려야 할 이유는 어디에도 없다. 시장 경제에 있어서는 기술과 시장, 그에 맞춰 소비자의 기호까지 빠르게 변화하고 있다. 스스로 마음먹든, 피치 못할 상황에 의해서든 기업은 많은 변화의 순간이 찾아온다. 그때마다 빠르게 움직여야 한다.

　비즈니스 세계는 빠르게 변화하고 있습니다. 변화의 내용과 방향을 알아차리기 위하여 모든 촉각을 곤두세워야 합니다. 그래야 살아남을 수 있습니다. 1인 기업의 생명은 속도입니다. 업무의 프로세스를 비롯해 결정도 간단합니다. 빠르게 결정해야 목표를 재빨리 설정할 수가 있습니다. 속도에 적응하지 못하는 1인 기업들은 점차 사라지게 될 것입니다. 이는 주변 환경이 빠르게 변하는 데 기민하지 못한 생각으로 변화하지 못했기 때문입니다.

　빠르게 변화하는 시대에는 어제의 성공이 내일의 성공을 보장하지 않습니다. 현재와 과거의 성공에 안주하는 순간, 미래의 생존 근거를 잃게 됩니다. 변화와 속도를 두려워하거나 중단해서는 안 됩니다. 빠르지 않으면 다른 사람들이 만든 변화에 휩쓸리게 됩니다.

1인 기업으로
다시 창업했습니다

무모하다

무모하다는 건 이래저래 따져 보지 않는 거다. 상식과 규칙의 틀에서 벗어나는 거다. 그래서 후에 일어날 일을 전혀 예측할 수 없다. 자신을 믿지 않고서는 무모해질 수 없다. 무모함에는 무한한 믿음이 있어야 과 감해진다. 그때 비로소 도전 정신이 생긴다.

무모하다고 해서 도전하지 않으면 가능성마저 없다. 〈무한도전〉을 봐도 그렇다. 출연진들은 소와 줄다리기를 하고, 지하철과 100m 경주를 한다. 황당하고 무모한 대결이지만, 몇 년이 지나 봅슬레이를 타고 자동차경주를 하며 우주 체험까지 도전하게 된다. 과감해 져서 그렇다. 무모함을 수반한 행동을 지속하다 보면 믿음이 생겨 틈도 줄어든다. 그 런 과정에서 도전의 기회가 만들어진다.

나는 틀에 박힌 것을 원하지 않는 사람이라 무모하다. 예측할 수 있 는 것도 싫어한다. 신중하게 생각도 하지 않는다. 정해진 순서에 따라 행동하는 것도 미칠 지경이다. 그렇기에 늘 변화를 주려고 노력한다. 그런 사람이 군대에 어떻게 갔다 왔는지 의아해하지만, 방위로 근무했으니 천만다행이 아닐 수 없다.

첫 직장을 건설 현장으로 택한 것도 그런 이유에서다. 하지만 현장도 틀에 박힌 직장 생활이다. 변화를 주기엔 매우 한정적이다. 그나마 출퇴근하는 방법이 유일했다. 늘 새로운 하루를 맞이하기 위해 더 많이 걸어서 출근하기도 했다. 건물이나 가게가 달라지면 하루가 다르게 느껴졌기 때문이다.

직장 생활하면서 일부러 다양한 보직을 경험했던 것도 나의 이런 성향 때문이었다. 그래서 건설에서 토목으로 옮길 때 동기들은 무모하게 다른 분야로 옮기냐고 걱정했다. 잘 다니던 회사에 사직서를 냈을 때도, 전공과 무관한 일로 창업했을 때도 무모했다. 어쩜 지금처럼 다양한 일을 하게 된 것도 앞뒤 가리지 않는 나의 그런 성향 덕분일 것이다.

기업을 운영하다 보면 많은 일이 일어나기 마련이다. 때로는 무모하지만 과감한 도전도 필요할 때가 있다. 첫 창업과 함께 팬클럽 행사만 기획하던 내게 음악방송 프로그램 출연 제의를 받았을 때가 그랬다.

팬클럽 행사에 사회를 보기로 한 출연자가 출연할 수 없게 되어 어쩔 수 없이 진행하게 되었다. 수백 명의 팬 앞에 서니 눈앞이 캄캄했고, 말문도 막혔다. 진행에 대해 아는 것 하나 없는데 많은 사람 앞에서 사회를 봐야 하는 이 상황이 난감했다. 하지만 어쩌겠는가? 행사를 어떻게든 마무리를 짓기 위해 무대에 올라야만 했다.

처음은 어렵고 헤맸지만 자주 무대에 오르면서 짜릿했다. 진행도 자연스러워졌고, 가수들과 농담할 만큼 자신감도 얻었다. 덕분에 진행에 눈을 떴고, 음악방송 진행자라는 새로운 일에 도전할 수 있었다. 당시에는 할 수 없다고 생각했다. 이 바닥에서 30대 초반이란 나이는 많은 축에 속한다. 그뿐인가 호감 있지 않은 얼굴에 작은 키, 장점이라곤 눈곱만치도 찾아보기 힘들었다. 단점이 많은 사람이라 여겨 그런 파격적인 제안을 두려워했다. 돌이켜 보면 지금 하는 일에 오히려 큰 도움을 주고 있다.

기업가는 이성적 보다 본능적 자세가 앞서야 한다. 무모함은 본능적일 때 나타나기 때문이다. 그때야 비로소 상식의 틀을 벗어날 수 있다. 고정관념에서 탈피해야 과감한 도전을 할 수 있다. 방송을 전혀 해보지 않았던 내가 2년 넘게 방송을 진행했고, 대본을 직접 쓰며 수많은 스타를 직접 섭외했다는 사실은 지금도 믿어지지 않는다. 프로그램 전체를 혼자서 이끌어 간다는 건 무모하지 않으면 할 수 없는 일이다. 그런 과감한 도전을 할 수 있다는 사실에 스스로 더 놀라워했다.

만약 나를 유심히 지켜본 기획사 대표의 방송 진행 권유를 거부했다면 어땠을까? 아마도 이런 재능을 모른 채 평생을 살았을 것이다. 이처럼 기업가는 자신의 새로운 재능을 알기 위해서는 무모하게 일을 저질러 봐야 한다. 창업한 기업가는 신중함만으로 과감한 도전을 절대 할수 없다. 자신이 어떤 사람인지 어떤 기업가인지 알기 위해서는 무모해야 한다.

다산네트웍스 남민우 회장의 "창업이란 무에서 유를 창조하는 거다. 과감하게 맨땅에 헤딩하고, 무모하게 일단 저지른 후 창조적으로 사태를 수습하면서 자리를 잡아가는 것이 창업이다."라는 말을 창업자들은 새겨들어야 한다.

기업가에게 가장 큰 위험은 무모하지 않은 상태다. 아무런 위험이 없다는 건 성장 가능성이 없다는 것이다. 안정적인 것은 실패할 가능성이 없어 보이지만 새로운 도전이 없으니 그 자체로 발전 가능성이 없기 때문이다.

기업이 성장하려면 아무런 문제가 없는 것보다 무모할 만큼 대책 없이 저질러야 한다. 과감한 도전이란 무모함 속에 나타나기 때문이다. 무모함이 수반되는 행위에는 기대감이 있다. 새로운 일, 낯선 사람들과의 조우에서 설렘을 주고 그 과정에서 많은 것을 배운다. 물론 무모함의 결과가 좋은 쪽으로만 있는 것은 아니다. 때로는 실패와 같은 결과도 있을 수 있다. 그런 적잖은 충격조차도 성장의 발판이 되기 때문이다.

일론 머스크는 무모한 생각을 가능케 만든 기업가다. 그는 우주여행용 로켓을 적은 비용으로 만들고 싶다는 생각으로 스페이스엑스를 설립했다. 적은 비용이라지만 자신의 전 재산을 쏟아부었다.

우주여행이라는 발상은 영화에서만 존재하는 비현실적인 아이디어였다. 우주로 가는 것 자체가 엄청난 일인데, 이를 대중적인 여행 상품으로 만든다는 자체가 말이 되지 않았다. 스페이스엑스의 로켓 발사는 세 번의 실패를 거듭했다. 그러나 모두가 무모하다고 말하는 일을 아랑곳하지 않고 추진했고 우주 로켓 '팰컨 헤비'는 발사에 성공했다. 직원들은 공통으로 그에 대해 이렇게 말한다. "우리가 하는 일이 무모하다고 느껴질 때가 많다. 그런데 일할수록 머스크가 불가능을 현실로 바꿀 것 같다는 생각이 들게 된다."

〈Tip & Talk〉

무모함으로 시작된 일에서 전혀 생각하지 못한 새로운 가능성이 있습니다. 우리 주위에는 무모한 도전을 해보지도 않고 후회하는 인생이 있고, 무모한 일로 후회하는 인생도 있습니다. 원래 무모한 일이란 어떤 결과가 나올지 아무도 모르기 때문입니다.

소설가 헨리 밀러는 "모든 성장은 어둠 속에서 성장하는 것이다. 경험해 보지도 않았고 미리 계획한 것은 아니지만, 무모하더라도 뛰어드는 것이 성장이다."라는 말을 했습니다. 사람은 자기가 가지고 있는 100%의 잠재력을 단 5%도 활용하지 못하고 산다고 합니다. 그 말에 동의합니다. 내가 음악방송을 진행하는 것을 보면서 그런 잠재력이 있다는 사실에 나보다 주위 사람들이 더 놀라워했습니다. 나는 무모함의 불확실성에 대해 기대하고 경험하는 편입니다. 그래서 아무도 기대하지 않았던 음악방송을 가수로 데뷔하면 당연히 출연해야 하는 방송으로 만들어 냈습니다. 가수들에게는 출연하지 않고서는 스타가 될 수 없다는 말이 나올 정도로 인식되게 했습니다. 그 일로 부산에서 아무도 생각하지 않았던 인터넷 방송을 지자체와 최초로 함께 만들기도 했습니다. 나는 무모함이 무한하므로 발전한다는 것을 경험해서 알게 되었습니다.

시간을 리드한다

누구나 공평한 하루 24시간, 이 시간을 사용해도 시간에 리드당하는 사람은 시간에 쫓겨 다닌다. 이런 사람 대부분은 시간이 없다고 말한다. 시간을 리드하는 사람은 하루를 촘촘하게 사용한다. 시간을 헛되게 사용하는 법이 없다. 분 단위로 시간을 쪼개어 써도 항상 여유가 있다. 시간을 스스로 만들면 된다고 생각하기 때문이다. 같은 하루지만 어떻게 사용하느냐에 따라 두 배로 늘려 사용할 수 있는 것이 시간이다.

버진그룹 리처드 브랜슨 회장은 헬스장에서 운동하는 시간을 1분 단위로 쪼개어 사용한다. 버리는 시간을 아까워하기 때문이다. 가수 박진영도 그렇다. 아침 7시에 기상해 30분 단위로 쪼개어 쓰는 일과에 대해 〈집사부일체〉에 출연해서 "잠자리에서 눈을 뜬 후 바로 일어나지 못한다. 이불 속에 뒤척거릴 시간에 일본어 문장 하나라도 외우는 거다."라고 말했다. 그의 수많은 히트곡은 아침에 눈뜰 때 쓴 곡이다. 심지어 옷고를 시간도 아끼기 위해, 미리 입을 옷을 결정한다. 행동의 폭도 줄이기 위해 고무줄 바지와 신발까지 신경을 쓴다. 그뿐만 아니다. 화장실도 같은 시간에 갈 정도다.

새벽 시간을 사용하는 사람도 있다. 아침형 인간을 주창했던 사이쇼 히로시의 말처럼 새벽의 1시간은 낮의 3시간이다. 작가 무라카미 하루키는 새벽 4시에 일어나서 글을 쓰기로 유명하다. 새벽 4시부터 오전 10시까지 6시간을 집필에만 몰두한다. 오후에는 취미 활동으로 시간을 보내고 저녁을 먹은 뒤 책을 읽다가 저녁 10시쯤 잔다. 그는 매일 일정하며 충실하게 시간을 잘 사용한다.

디즈니의 최고경영자 밥 아이거, 펩시콜라의 최고경영자 인드라 누이, 트위터의 최고경영자 잭 도시 등 많은 경영자가 아침을 일찍 시작하는 아침형 인간들이다.

피터 드러커는 "시간을 관리하지 못하면 다른 어떤 것도 관리하지 못한다."라고 시간 관리에 대해 강조했다. 기업가는 생존을 위해서 시간을 통제하고 지배해야 한다. 시간은 누구에게나 주어진 공평한 유한(有限) 자원이다. 그것을 어떻게 사용하느냐에 따라 중요한 자원이 된다. 누군가는 분 단위로 나눠 쓰고, 이른 새벽에 일어나는 것을 보면서 '뭐 저리 피곤하게 살까?'라고도 생각한다. 같은 하루를 살아도 온전히 가득 채워 사용하면 피곤할 틈이 없다. 정신 건강에 긍정적인 영향을 줘 오히려 더 즐겁게 일한다.

요즘 다양하고 많은 일을 한다. 그러다 보니 챙길 서류도 많다. 평소보다 많은 제안서를 만들고, 컨설팅 보고서와 코칭 서류들도 만들어야 한다. 다양한 문서들을 들고 이곳저곳 찾아갈 곳도 많다. 기업매출을 높이기 위해서는 활동 시간을 늘려야 한다. 낮에 서류에 파묻히면 활동 리듬이 깨진다. 완전 대기업 회장의 일정과 다름없다. 예전엔 하루를 일찍 시작했다. 일용직 일을 여러 가지 하려면 어쩔 수 없었다. 다시 창업하면서부터 새벽에 일어날 필요가 없게 되었다. 그런데 더 자고 싶어도 허리가 아파 잠을 잘 수가 없었다. 직업병인 셈이다. 새벽 3시에 하루를 시작하게 된 이유다.

새벽에 일어나 서류를 만들거나 글을 쓴다. 서류는 그날 하게 될 컨설팅 관련 서류이거나, 제안서, 기획안, 정산서 등이다. 어떤 문서들은 만드는 데 많은 시간이 소요된다. 한 장으로 만들어진 문서라도 공들여 만들기 위해 몇 시간을 투자한다. 한창 활동할 시간에 문서작성에만 매달리는 건 있을 수 없는 일이다. 생산적인 일을 하지 못하게 돼 포기할 일이 생기기 때문이다. 할 일 많은 1인 기업가에겐 새벽은 아주 유용하다. 새벽의 시간의 활용은 하루를 길고 알차게 보낼 수 있는 확실한 방법이다.

사람을 만나는 방법도 그렇다. 난 많은 사람을 만나기 위해 이동 시간을 줄인다. 성과를 지속해서 창출하려는 기업가는 되도록 다양한 사람을 많이 만나는 게 좋다. 이동하는 시간을 줄이면 더 많은 사람을 만날 수 있다. 그리고 될 수 있는 대로 같은 공간에서 필요한 사람을 한꺼번에 만난다. 어떤 날은 같은 장소에서 열 명을 만난 적도 있다. 피곤할 것 같지만 즐겁다. 성과도 있었다.

"그대는 인생을 사랑하는가? 그렇다면 시간을 낭비하지 말라 왜냐하면 시간은 인생을 구성한 재료다. 똑같이 출발하였는데, 세월이 지난 뒤에 보면 어떤 사람은 뛰어나고 어떤 사람은 낙오자가 되어 있다. 이 두 사람의 거리는 좀처럼 접근할 수 없는 것이 되어버린다. 이것은 하루하루 주어진 시간을 어떻게 잘 이용하였느냐, 이용하지 않고 허송세월하였느냐에 달려있다." 벤자민 프랭클린의 말이다.

시간 관리는 인생 관리다. 성공적인 삶을 위해서는 시간을 주체적으로 사용해야 한다. 기업가도 마찬가지다. 한번 리드 당한 시간은 되돌릴 수도, 대체할 수도 없다. 시간을 낭비하는 것은 기업 생존을 막는 행위이기 때문이다. 아침을 일찍 시작하는 것은 나만의 시간을 리드하는 방법으로 지금도 지키고 있다. 1인 기업가는 시간을 리드하는 루틴 하나는 반드시 가지고 있어야 한다. 그래야 더 단단하게 생존할 수 있다. 당신은 시간을 어떻게 활용하는가? 늘 시간에 얽매이며 리드를 당하는가? 아니면 자신의 의지대로 시간을 리드하는가?

강연하는 자리에서 "하루에 4시간만 자도 괜찮으세요?"라는 질문을 많이 받습니다. 자주 듣는 질문이라 답은 아주 간단합니다. "예. 14년 동안 잘 지내고 있습니다." 모두가 초저녁에 잠을 자고 새벽 일찍부터 일하는 방식을 따라 하기란 쉽지 않은 일입니다. 필요한 수면 시간까지 줄여가며 새벽 기상을 실천하는 것은 바람직하지 않습니다. 시간은 자기의 생활 리듬에 맞추어 하루 24시간을 잘 나누어 사용하면 됩니다.

모든 이는 하루에 정확히 24시간을 부여받습니다. 누구라도 단 1초도 더 사용할 수 없습니다. 똑같은 시간이 주어짐에도 누군가는 아무것도 하지 못해 지루한 삶을, 누군가는 자신이 하고 싶은 일까지 모두 해내는 풍요로운 삶을 살기도 합니다. 이 두 삶의 차이는 바로 효율적으로 시간을 사용하느냐 그렇지 않으냐에 차이입니다.

요즘처럼 다변화 시대에 기업을 존속시키기 위해서는 기업가는 반드시 시간 관리에 관심을 가져야 합니다. 단순히 24시간을 어떻게 알차게 보내느냐가 아니라 시간을 주관적으로 사용해야 합니다.

배운다

당신은 지금 공부하고 있는가? 배우기 위해 시간과 비용을 얼마큼 투자하고 있는가? 배움은 의지를 실천으로 옮겨야 한다. 그러기 위해서는 환경을 만들어야 한다. 더욱이 중요한 것은 환경이 만들어졌을 때 얼마나 끊임없이 공부하느냐다. 지속적인 배움을 위해 자신이 어떤 노력을 할 수 있느냐다. 성공하는 기업가는 배움을 멈추지 않는다. 겸허함과 기개를 가지고 무엇이든 배우려 한다. 배움을 통해 자신을 단련하고 뇌를 젊게 유지한다. 그러면서 기업을 성장시키고 성공하게 만든다.

정성깃든의 김인경 대표는 그 방면의 대표 선수다. 부산 천연 조미료 시장에서 유명해졌지만 늘 부족하다며 자신의 배움을 항상 점검한다. 경영자로서 본받을 사람이다. 기업 경영에서 성과를 내고 싶은 것은 모든 기업가의 열망이다. 초 경쟁 환경에서 실적을 내는 일은 만만치 않다. 그것을 해내고 있는 기업가가 그녀다. 끊임없이 공부하고 노력하는 그녀가 참으로 부럽다.

그녀는 내가 운영하는 유튜브 채널에 출연해서 이런 말을 했다. "대표도 배워가는 거거든요, 지식이 축적되어야 가치를 창출할 수 있습니다. 창업에 '창' 자도 몰랐던 제가 하나하나 배워가면서 여기까지 왔거든요, 기업 운영에는 다양한 변수가 존재합니다. 적확한 판단을 내리기 위해서는 경영자의 역량이 중요합니다. 배우지 않으면 정확한 판단을 내릴 수 없습니다." 자기 분야에서 배움이 중요하다는 얘기다.

부산의 중견 기업인 일신산업의 하기성 회장도 그렇다. 의류와 신발 제조 분야의 대표 기업이다. 그와 컨설팅 일로 몇 번 만난 적 있다. 100억의 매출을 올리는 기업가지만 배움을 낙으로 삼는다. 바쁜 하루 중에서도 시간을 내서 배우고, 익히고 끊임없이 공부한다. 자기 경영을 공부로 실천한다. 스스로 경영이 되어야 기업을 더욱 잘 운영할 수 있다는 철학을 가지고 있다. 교육 전문가도 만들기 어려운 자기관리 리더십 프로그램도 만들었다. 배움에서 얻은 다양한 통찰을 고스란히 담고 있다. 직원들뿐 아니라 청년 기업가들에게도 자기 경영을 설파한다.

쇼핑몰은 마케팅이 중요하다. 홍보를 어떻게 하고 누가, 언제, 어떤 물건을 몇 시에 구매하는지 패턴을 훤하게 꿰고 있어야 한다. 쇼핑몰로 성공하는 운영자는 데이터와 디지털을 이해하는 눈이 남다르다. 젠틀후르츠의 이원 대표는 데이터와 디지털 마케팅을 이해하고 자기 방식으로 풀어내는 능력이 있다. 그것을 업으로 먹고사는 사람과 견주어도 손색이 없다. 데이터와 디지털 이해하는 통찰력은 수준급이다. 그와 애기하다 보면 놀라울 지경이다. '나는 왜 저렇게 못 할까.'라고 자책이 들기도 한다.

처음에 그는 쇼핑몰을 잘 운영하기 위해서 투자를 많이 했다. 홍보하기 위해 돈도 엄청나게 썼다. 투입된 지출에 비해 매출이 뜻대로 나지 않았다. 잘되는 쇼핑몰은 무엇이 달라도 다를 것으로 생각했다. 필요하다면 성공한 쇼핑몰 운영자의 강의를 찾아 듣기도 했다. 자사 쇼핑몰의 유입되는 모든 고객의 데이터를 분석했다. 그 과정에서 전문가다운 식견이 생겼다. 그만큼 배우고 노력했다는 뜻이다.

바쁜 일상 속에서도 배우는 경영자는 멋지다. 믿음이 간다. 공자도 논어의 첫머리에 "배우고 때때로 그것을 익히면 또한 기쁘지 않은가?"라고 배움의 중요성을 강조했다. 고려 및 조선왕조 시대의 왕들도 경연을 통해 지속적인 배움을 실천했다. 그뿐인가 사대부들은 죄를 짓고 귀양을 가서도 배움을 쉬지 않았다.

나 역시 배우기 위해 노력한다. 다시 창업하면서부터 생긴 학구열이다. 대학 평생학습 프로그램에 등록하고, 기업가 평생교육에 참여해 공부한다. 기업 경영에 도움이 된다면 돈을 들여서라도 배운다.

배움에 투자한 돈을 아내에게 줬다면 무척 사랑받는 남편이 되었을 거다. 중형차 한 대 값을 투자했으니 아내 성격상 그 이상으로 나를 잘 대해줬을 거다. 10개의 민간 자격증과 1개의 국제공인 자격증은 아내의 사랑과 맞바꾼 결과다.

지금도 라이브 커머스에 대해 배우고, 쇼호스트과정을 익힌다. 시간이 맞지 않으면 독학해서라도 배운다. 홈페이지 디자인, 일러스트 디자인, 영상 편집 기술, 글쓰기, 잘하지는 못하지만, 웬만큼 한다. 처음에는 무척 힘들었다. 디자인하는 것도, 코딩과 편집하는 것도, 글쓰기도 쉽지 않았다. 근데 어느 순간 나 자신이 업그레이드된 것을 느낀다. 디자인을 보는 안목도 생겼고, 시대의 흐름을 읽어내는 힘도 길러졌다. 글도 나름 체계적이다. 배움 덕분에 일정 경지에 올랐다는 것을 조금은 느낀다.

진형기 박사는 경제와 경영 분야의 석학이다. 그는 190개가 넘는 회사를 컨설팅했고, 수백 회의 경영 경제 세미나에서 강연했다. 몇 년 전 그의 강연에서 이런 말을 듣게 되었다. "경영에서 '경'은 이론을 '영'은 실무를 의미한다. 이론과 실체가 맞아떨어지는 경영이 균형 잡힌 경영이다. 그러기 위해서는 리더는 끊임없이 공부해야 한다. 배움을 실천하는 경영자들은 변화에 민감하기 때문이다. 경영자는 사람을 다루는 것이 아니라 자기 자신을 경영하는 사람이다. 배우면서 자신을 경영하고 더 나아가 조직을 경영해야 한다. 오늘날과 같은 불경기에 끝까지 살아남는 경영자는 부족한 것을 끊임없이 배우는 기업가다." 경영자의 배움을 강조한 얘기다.

지식과 지혜가 있는 경영인은 자신뿐 아니라 기업도 잘 경영한다. 다양한 정보를 취득하니 성공할 수밖에 없다. 특히 작은 기업가일수록 배워야 한다. 배우지 않으면, 정보의 비대칭을 해결할 수 없다. 배움을 통해 작은 기업은 큰 기업과의 정보 격차를 해소해야 한다. 지식의 격차는 기회의 격차다. 기회의 격차는 부의 격차를 불러온다. 배우지 않으면, 간격이 자꾸 벌어질 뿐이다.

1인 기업으로
다시 창업했습니다

경영자는 사람들에게 신뢰받고, 호감을 사는 사람이 되어야 한다. 지적 호기심을 가지고 겸손함을 유지해야 해야 가능한 일이다. 그러기 위해서는 끊임없이 배우려는 노력이 필요하다. 성공은 그런 사람에게만 주어지기 때문이다.

〈Tip & Talk〉

기업을 운영하다 보면 다양한 문제에 부딪힙니다. 그러한 문제를 해결하는 힘은 배움에서 나옵니다. 경영자의 배움은 현재를 잘 헤쳐나가고, 미래를 대비한다는 점에서 중요합니다. 배움을 실천하는 기업가는 항상 준비되어 있습니다. 기회가 오면 놓치는 법이 없습니다. 기회를 성공의 지렛대로 삼으려면 평생 학습해야 합니다. 매일 만나는 사람들을 통해서, 자기가 하는 일에서, 늘 접할 수 있는 책등 다양한 것을 통해서 배워야 합니다.

알리바바 그룹의 창시자 겸 이사회 주석인 마윈(馬雲)은 한 강연에서 "책을 읽지 않아도 되지만, 사회라는 책을 읽지 않으면 안 된다."라는 말을 했습니다. 이 말은 현장에서의 배움을 강조한 것입니다. 그의 말에 동의합니다. 자기의 부족을 메우고 경쟁력을 확보하는 데에 공부만 한 것은 없습니다.

지속한다

명리는 어려운 학문이다. 사람의 운명을 읽어내야 하니 힘든 학문임이 틀림없다. 힘들어도 명리 공부를 해야 한다고 말하는 후배가 있다. 운명 경영연구소를 운영 중인 오종호 소장이다. 그에게 명리 공부가 어렵다고 말하면 돌아오는 대답은 간결하다. "어렵지 않으면 누구나 할 수 있는 학문이다." 그렇다. 어렵기 때문에 아무나 할 수 없는 것이 명리다. 명리를 쉽게 공부하는 방법이 없냐고 물어보면 힘들지만 깨우치고, 익히라고 한다. 공부를 지속하는 방법밖에 없다는 말이다.

칼럼니스트이자 명리 서적을 쓴 조용헌 선생도 비슷한 말을 한다. 그의 말을 옮겨본다.

명리를 깨우치는 과정은 3단계로 나누어진다. 단계마다 힘든 과정을 거쳐야 한다. 그 과정을 살펴보면 이렇다. 첫 단계는 '칼잡이'다. 여러 문파를 순회하며 다양한 이론을 섭렵하는 단계다. 칼잡이로는 사람의 사주를 속 시원하게 해부하지는 못한다. 고작해야 재물 복이 있는가? 없는가?, 관운, 배우자 복 정도 알 수 있다.

둘째는 '해머' 단계다. 이 단계에서는 각 문파의 이론에 집착해서는 안 된다. 격국과 용신(用神)에 얽매이지 않고, 실전에 응용할 수 있는 자기만의 방식이 정립되어야 가능하다. 해머를 가지면 구체적인 것을 알 수 있다. 예를 들면 몇 살에 무슨 일을 한다든지, 지금 누구를 만나면 좋다든지, 이 사업을 그만두고 저 사업을 시작할 것인지…… 등 적중률은 높다. 해머 하나만 있으면 먹고사는 것은 문제없다.

마지막 셋째는 '번갯불' 단계다. 사주팔자 여덟 글자를 볼 필요도 없다. 상대 얼굴을 보는 순간 전광석화처럼 심중과 상황을 읽어낸다.

명리라는 학문은 끊임없이 익히고 깨우쳐야 밥벌이를 할 수 있다. 업으로 삼기 위해서는 어렵고 험난한 과정을 견뎌야 한다. 단계마다 공부를 꾸준하게 해야 사람의 심중과 상황을 읽어낼 수 있는 능력이 업그레이드된다. 꾸준함을 이길 장사는 없다. 지속할 용기가 없으면 입문도 하지 못하는 것이 명리다. 명리를 지속해서 공부하게 하는 힘은 꾸준함이다.

고수나 달인은 어떠한 것을 끊임없이 꾸준히 해 도가 튼 사람이다. 한결같은 태도로 지속하는 힘이 있으면 그 분야에서 일가를 이루게 된다. "낙수가 바위를 뚫는다."라는 말에서 보듯이 끊임없이 물방울이 같은 자리에 떨어지면 언젠가는 바위를 뚫을 힘을 발휘한다.

간혹 강연하는 자리에서 생존 비결을 알려달라고 한다. 난감하기 그지없다. 비법이 없으니 알려줄 게 없다. 굳이 말하자면 뭐가 됐던 오랜 기간 지치지 않고 끊임없이 하는 것이 비법이라면 비법이다. 단, 머리를 쓰고, 궁리하고, 더 나은 방법으로 일할 수 있어야 한다. 그래야 창의적으로 연속시킬 힘이 생긴다. 이를 위해 어떻게 일했는지 생각해 보았다.

　난 일에 있어 '쫄지' 않는다. 일하다 보면 아이디어가 안 나온다고, 실패했다고, 계약이 성사되지 않았다고……. 되지 않는 수많은 일에 쫄아 움츠러드는 경우가 있다. 위축된 마음으로는 힘이 생기지 않아 무슨 일이든 지속할 수 없다. 힙합 오디션인 〈쇼미더머니〉의 참가자들은 힙합계의 거물들 앞에서 당당해야 한다. 월등한 기량을 가진 거물들 앞에서조차 겁내지 않아야 한다. 당당하게 거침없이 랩을 쏟아내야 합격 목걸이를 받을 기회가 생긴다. 1인 기업가는 일이든, 사람이든, 상황이든, 어떤 것이든 기가 꺾여서는 안 된다. 꼭 가져야 할 자세다.

　"쫄지 마!"라고 입버릇처럼 말하는 사람이 있다. 딴지일보 김어준 총수다. '딴지일보'라는 B급 인터넷 언론을 지금까지 키워온 원동력은 '쫄지 마' 정신이다. 그는 어떤 일이나 상황에 쫄지 않는다. 진행하는 방송도 그렇다. 대담 프로에서도 상대의 기에 눌리지 않는다. 대통령이나 청소부나 똑같은 사람이라고 생각하기 때문이다. 그러니 압도당할 리 없다. 언제나 당당하다. 경박한 웃음소리와 함께 욕이 섞인 한마디는 나에게 있어 기업을 유지시키는 원천이 되는 말이기도 하다. 그의 그는 저서 《닥치고 정치》에서 "구조에 저항하는 방법은 2가지가 있다. 구조에 맞부딪쳐 깨는 방법과 새로운 구조를 만들어 내는 방법이다."라고 말했다. 이처럼 '쫄지 마!' 정신은 부딪혀 깨서 새로운 구조를 만들 수 있게 만든다. 그런 태도를 보이고 있으면 어디서나 당당하다.

그리고 '안 되면 말고.'라는 정신으로 일했다. 안 되는 일에 힘을 너무 쏟아부으면 기력이 떨어진다. 적어도 힘을 비축해 두어야 다른 일을 할 수 있다. 누군가는 "안 되면 되게 해야 한다."라고 말한다. 그 말은 기업가에게 초능력자가 되기를 강요하는 말이다. 기업가는 슈퍼히어로가 아니다. 물론 극한에 몰리면 초능력과 비슷한 능력을 발휘하기도 한다. 그 말의 진정한 뜻은 생존을 위해 몸부림쳐야 한다는 말이다. 그 말 한 마디로 능력을 한껏 끌어올릴 수 있는 원동력이 되기 때문이다. 생존해야 성공하는 창업에서 기업을 존립시키기 위해서는, 안될 것도 가능하게 만들어야 한다. 그런 마음으로 모든 기업가가 일하는 것도 사실이다.

그런데 나는 생각이 좀 다르다. 모든 창업자가 자신의 의지로 성공을 이룰 수 있다고 여긴다. 매우 오만한 생각이다. 의지만으로 성공할 수 있다면 실패는 일어나지 않는다. 창업하고 나서 지금까지 의욕만으로 되지 않는 일을 부지기수로 맞닥뜨렸다. 만약 당신이라면 그럴 때마다 낙심할 것인가? 그렇게 애를 쓰고도 안 되었을 때마다 좌절할 것인가? 최선을 다해도 안 되면 과감히 툭툭 털어버릴 줄도 알아야 한다. 난 그랬다. 안 되면 말고는 창업자들이 꼭 가져야 할 자신감의 철학, 당당한 포기의 사상이다.

최선을 다했음에도 안 되었다면 "안 되었다고 쫄지 마! 안 되면 다른 것 해!"라며 스스로 외친다. 이 짧은 단어를 외치는 순간 일을 지속할 힘이 생기기 때문이다. 당신은 어떤가? 지속할 힘이 있는가? 무엇이 되던 유지 시킬 힘만 있으면 지치지 않고 일을 연속할 수 있다.

"성공하려면 어떻게 해야 하나요?"라는 질문에 "시작했으면 오래 하시라."라고 말합니다. "일을 지속하기 위해서는 어떡해야 하나요?"라는 질문에는 "긍정적으로 되어보시라."라고 말을 합니다.

1인 기업가는 긍정적이어야 합니다. 긍정적으로 되기 위해서는 쫄지 말아야 합니다. 자기가 하는 일에서 쫄지 않아야 건설적인 생각을 하게 됩니다. 그래야 생산적으로 기업을 오래 유지시킬 힘이 생깁니다. 쫄지 않으면 두려움은 생기지 않습니다. 겁이 없으니 '안 되면 말고'라는 당당한 자신감이 생겨납니다. 당당한 자신감은 근거 있는 자신감도 생겨야 가능합니다. 근거 있는 자신감은 경험에서 나옵니다.

나는 실패에 대한 공포는 없습니다. 수억을 날린 덕분에 무서움이 없어졌습니다. 그래서인지 기업을 운영하면서 실패하는 일이 생길 때마다 "안 되면 말지."라고 입버릇처럼 말합니다. 그것이 나를 10년 동안 지치지 않고 일을 지속할 수 있는 힘을 만들어 냈습니다. 일을 꾸준히 만든다는 것은 기업으로서의 존재의 의무이긴 합니다. 최선을 다해도 안 되는 일이 발생하면 그땐 쿨하게 그만둘 용기도 합니다. 그래야 사업을 지속할 힘을 비축할 수 있습니다. 사업은 장기전입니다. 지치지 않고 오래 가는 기업가가 성공합니다. 그러니 당장 눈앞에 보이는 불확실한 환경에 일희일비할 필요가 없습니다.

148

심플하다

무겁고 복잡하게 생각하는 사람은 걱정 많은 눈으로 염려와 두려움만 본다. 행복할 리 없다. 밝고 캐주얼하게 생각하는 사람은 유쾌한 마음이 생겨 늘 행복하다. 항상 지금 생활에 흡족해한다. 모든 게 심플하기 때문이다.

난 예전에 비하면 생각도, 삶도 심플하다. 옷을 입는 방식도 심플하다. 사업하는 사람이 이 정도로 옷을 품위 없게 입어도 되나 싶을 정도다. 기업을 운영하다 보면 꼭 격식을 갖추어 옷을 입어야 할 때가 있다. 그럴 때를 제외하고는 가능한 한 단출하게 입는다. 이런 스타일 때문에 친분 있는 기업 대표들은 핀잔을 주기도 한다.

아내 역시 걱정이 없다. 늘 밝고 즐겁다. 생각도 단순하다. 예나 지금이나 변함이 없다. 사업에 실패한 후 힘들다는 택배 일을 할 때조차도 나와 다르게 즐겁게 일했다. 온종일 비가 억수 같이 내리기 시작하는 날이면 아내는 항상 쉬자고 얘기한다.

비가 퍼붓는 날이면 택배기사들은 '일할까, 말까?' 고민한다. 아무리 조심스럽게 배달한다고 해도 비에 젖어버리면 못 쓰게 되거나 볼품없는 물건이 되어버리기 때문이다. 게다가 비에 젖어서는 안 되는 물건도 있다. 소중한 물건을 그렇게 다루어선 안 된다. 그렇다고 하루를 쉬어버리면 다음 날 배송이 더 힘들어진다. 아내도 그것을 모를 리 없다. 하지만 그런 날은 아내와 함께 편안하게 쉰다.

아내와 다르게 쉬면서도 걱정이 많았다. 그뿐만 아니다. 사업에 실패해 집을 경매로 날리게 되었을 때조차도, 아내는 걱정하는 내색을 보이지 않았다. 심지어 갈 곳이 없어 노숙하게 되었을 때는 이런 경험 언제 해보겠냐며 "잘 해결될 거야."라고 오히려 위로했다. 사업 실패로 생고 생했음에도 다시 사업한다고 했을 때 "실패했으니 성공도 해봐야 하잖아! 인생 뭐 있어." 심플한 대답이다.

"인생 뭐 있어!"라고 말하는 사람은 인생의 의미를 아는 사람이다. 그래서 인생 자체를 복잡하게 생각하지 않고 두려움도 갖지 않는다. 어디서나 당당하다.

인생은 전쟁이다. '힘들다.'라고 생각지 않아도 아주 험난하다. 힘겨운 약육강식의 세계니 고달픈 것은 당연지사다. 그러니 인생 고단하다고 생각할 필요는 없다. 어려운 여건 속에서 살아남기 위해서는 단순한 것도 도움이 된다. 복잡한 생각을 버리고, 결과에 집착하지 않으면 인생 살만하다. 심각한 일도 단순하게 받아들이면 다시 도전할 힘이 생긴다. 알프레드 아들러는 "인생이 힘든 게 아니라 당신이 인생을 힘들게 만드는 것이다. 인생만큼 단순한 것도 없다."라고 말했다. 그만큼 인생은 단순하게 사는 것이 좋다.

나는 깊은 생각 대신 가볍게 생각하며 살려고 노력한다. 가벼운 생각은 시비조로 찾아온 힘든 인생조차 견딜 수 있게 만들었기 때문이다.

기업 운영도 마찬가지다. 깊이 고민이나 생각도 하지 않아 주위에선 "생각 없이 사업하네."라는 말을 듣는다. 개의치 않고 가볍게 생각한 탓에 10년 동안 기업을 성장시키며 생존했다. 오히려 첫 창업 때 너무 깊은 생각에 사로잡혀 정작 할 수 있는 일을 제대로 하지 못했다. 이것 재고 저것 재고 걱정하느라 많은 시간을 허비했다. 일이라는 게 억지로 만들어지지 않는다. 될 것 같다가도 안되고 안될 것 같지만 되는 게 일이고 기업 경영이다. 마음을 비우고 단순하게 생각해야 다음 일을 만들수 있다.

창업하고 1년 넘게 수백 건의 기획안과 제안서를 만들었다. 완성된 제안서를 가지고 전국 방방곡곡 돌아다녔다. 심지어 제주도에 있는 업체를 수십 번 방문한 적도 있다. 비행기에 오르면서 희망적인 생각을 가졌다가도 막상 일이 틀어지기 일쑤였다. 화도 나고, 맥 빠질 법도 하지만 낙담하지 않았다. "안되면 말지! 다른 업체에 제안하면 되지!" 가진 생각이 단순해지면 마음이 긍정적으로 변한다. 안되는 일에 고민과 걱정한다고 해서 해결되지 않는다. 타개하기 위해서는 단순하게 생각하고, 가볍게 다시 시도해야 한다. 지금까지 그렇게 해왔다. "안되면 어떤가? 또 만들면 된다. 아니면 다른 곳에 제안하면 된다. 내가 하는 일이 그런 일이다." 이 말은 내가 어느 인터뷰에서 했던 말이다.

1인 기업가는 어떤 생각의 옷을 입느냐에 따라 성공과 생존이 달라진다. 지금까지 업을 지속할 수 있었던 것은 심플한 생각 때문이다. 성공한 기업가가 심플한 생각을 하는 것이 아니다. 단순한 생각을 하는 기업가가 성공하는 것이다. 복잡하게 생각하면 결국 지치고 만다. 안될 것 같은 일도 가벼운 시선으로 보면 해결 방법이 떠오른다. 밝고 경쾌한 생각은 생존을 넘어 성공을 가져다준다.

〈Tip & Talk〉

리더십 전문가 릭 워렌은 "가장 효과적인 삶의 비결은 무엇이 중요한 것인가를 알고 그것을 행하고 다른 것들에 대해서는 걱정하지 않는 것이다."라는 말을 했습니다. 이 말속에는 삶에서 가장 중요한 것을 이루면 나머지는 그 중요도에 따라서 저절로 이루어진다는 메시지가 들어 있습니다.

나는 1인 기업을 운영하면서 미리 걱정하지 않습니다. 기업 경영은 힘들고, 외롭고 어렵다는 걸 알기 때문입니다. 앞서간 염려는 기업가를 위축 들게 만듭니다. 움츠러들면 일이 뜻대로 되지 않습니다.

지금 걱정이 눈앞에 있어 힘들다고 생각한다면 로베르토 베니니 감독의 영화 〈인생은 아름다워〉를 보시길 권합니다. 어쩌면 생의 마지막이 될 수도 있는 순간, 골목 철제 상자에 숨겨둔 아들을 바라보며 코믹한 발걸음으로 장난기 어린 윙크를 보내는 장면을 꼭 보았으면 합니다. 전쟁이라는 힘든 현실에서도 밝은 생각으로 아들과 게임을 즐기는 장면은 기업을 운영하는 기업가에게 또 다른 생각을 안겨줄 것입니다.

2차 대전을 승리로 이끈 영국의 총리 윈스턴 처칠은 "비관주의자

1인 기업으로
다시 창업했습니다

는 모든 기회에서 난관부터 보고, 낙관주의자는 모든 난관에서 기회를 찾는다. (The pessimist sees difficulty in every opportunity. The optimist sees the opportunity in every difficulty.)"라는 말을 했습니다.

영화 속 귀도는 어떤 어려운 상황에 부닥쳐도 결코 웃음을 잃지 않았습니다. 매사 긍정적으로 생각하고 또 그렇게 믿으며 행동했습니다. 그런 귀도를 보면서 심플한 생각을 배워보시기 바랍니다.

버텨라,
존버면 성공한다

난 야구를 좋아하지 않는다. 심지어 야구 경기장을 단 한 번도 간 적 없다. 몇 시간 동안 조그마한 공을 치겠다고, 야단법석을 떠는 광경이 재미없어 보였기 때문이다. 그런데 이상하게도 티브이 야구 중계에 시선이 꽂혀 있는 나를 발견한 적이 있었다. 2020 프로야구 포스트시즌 준플레이오프 2차전 경기가 그것이다. 지역 연고가 어딘지도 모르는 두 팀의 경기를 보고 있다는 사실이 놀라울 정도였다. 특히 한 야구 선수의 마지막 출전이라는 것도 경기가 끝날 즈음에 알았다.

그가 LG 트윈스의 박용택 선수다. 프로로 데뷔한 이래 19년 동안 줄곧 LG 유니폼만 입었다. 선수로 뛰는 동안 최다 경기 출장과 최다 안타 1위라는 기록을 세웠다.

그는 어느 언론사와의 인터뷰에서 "최선을 다하다 보면 막연히 될 것이라는 생각만으로 앞만 보고 야구를 해왔습니다. 실패하거나 뒤처질 때도 있었지만 그만두겠다는 말이나 생각을 해본 적 없었습니다. 다른 건 몰라도 버티는 것 하나는 자신 있기 때문입니다."라는 말을 했다. 한 구단에 오래 버티면 다양한 기록을 세울 확률이 높다.

양준혁 선수도 그의 저서 《뛰어라! 지금이 마지막인 것처럼》에서 같은 말을 했다. "엄살처럼 들릴지 몰라도 나는 그저 '버텼다.' 실망하지 않고 용기를 냈다. 열심히 노력하며 작은 희망을 크게 키워나갔다. 그렇게 18년을 버텼더니 온갖 통산 기록이 내 차지였다. 홈런왕에 오르지 못한 홈런왕, 최고인 적이 없었던 최고 선수가 됐다는 칭찬을 들을 때면 솔직히 우쭐하기도 한다. 강 한자가 살아남는 게 아니라, 오래 버티는 자가 강한 자로 기억된다는 사실을 증명한 것 같아서다." 그의 말에 동의한다. 끝까지 포기하지 않고 오래 버티는 사람이 결국 무슨 일을 내도 낸다.

1인 기업도 그렇다. 버티는 게 중요하다. 1인 기업 모임에 가면 기업 대표들의 첫인사는 하나같이 "요즘 어떻게 버티세요?"다. 심지어 헤어질 때조차도 존버하라고 서로 응원한다. 요즘과 같은 어려운 환경에서는 남다른 버텨냄이 필요하다. 어려움 속에서 끝까지 버텨야 하는 것은 1인 기업가에게는 숙명과도 같은 명제다.

나는 지금까지 많은 위기를 경험하며 버텨냈다. 다시 겪는다 해도 견디기 어려운 일이다. 특히 창업 후 1년 동안은 수익이 전혀 없었다. 할 수 없이 새벽 아르바이트를 하며 버텼다. 1인 기업이지만 자리 잡기까지 들어가는 비용이 만만치 않았기 때문이었다. 1년이 지났을 무렵 겨우 인건비 수준의 수익이 나기 시작했다. 그전까지 정말 포기하고 싶었다.

창업한 기업들의 생존은 불과 1~2년 안에 판가름난다. '죽음의 계곡 (death valley)'이 기다리고 있기 때문이다. 그 이상을 생존한다고 하더라 도 죽음의 계곡을 넘지 못하면 기업은 소멸한다. 대부분 그 기간에 포 기하고 접는 기업들을 많이 봐왔다. 그 시기를 지나면서 각성한 것이 있다. 추운 겨울이 지나면, 반드시 따뜻한 봄이 온다는 사실이다. 이런 자연의 이치를 깨닫게 되면 세상을 보는 눈이 달라진다. 시야가 넓으면 버텨나갈 힘이 생긴다.

1인 창업기업자들에게 조언하거나 그들을 상대로 강연할 기회가 있 을 때마다 하는 말이 있다. "어렵지만 버티는 것이 우선이다. 버텨야 기 회가 온다." 이 말은 상투적인 말이지만 그래야 한다. 어렵더라도 기회 를 기다리고 준비하면서 버텨야 한다. 기회는 견디는 자에게 반드시 온 다. 성공은 그다음이다. 적어도 생존해야 성공할 가능성이 있다. 하지 만 가만히 마냥 뻗대서는 안 된다. 그건 가장 미련한 방법이다. 기업뿐 아니라 경영자를 퇴보하게 만든다. 상황이 어려운 상태에서도 굽히지 않고 맞서 이겨내기 위해서는 자신을 냉철하게 파악하고 버틸 수 있는 몸을 만들어야 한다.

칼럼니스트이자 평론가인 허지웅은 자신의 저서 《버티는 삶에 관하 여》 서문에 이렇게 썼다. 그의 글을 옮겨본다.

"버티는 삶이란 웅크리고 침묵하는 삶이 아닙니다. 웅크리고 침묵해 서는 어차피 오래 버티지도 못합니다. 오래 버티기 위해서는 지금 처해 있는 현실과 나 자신에 대해 냉정하게 판단할 수 있는 훈련이 필요합니 다. 그래야 얻어맞고 비난받아 찢어져 다 포기하고 싶을 때마저 오기가 아닌 판단에 근거해 버틸 수 있습니다. 요컨대, 버틸 수 있는 몸을 만들자는 것입니다. 우리는 버텨야 합니다. 버티는 것 말고는 답이 없습니다. 어느 누가 손가락질하고 비웃더라도, 우리는 버티고 버티어 끝내 버티어야만 합니다. 그래서 끝까지 남아야 합니다."

타인의 단점을 짚어내듯, 자신에 대해서도 냉정해야 한다는 말이다. 그렇게 하지 못하면 지금 자신에게 가장 필요한 것과 부족한 것을 알지 못한다. 깨우치지 못하면 발전시켜 나갈 수 없다. 자신을 아는 것은 위기의 상황이 발생했을 때 긍정적으로 해결하고 버틸 수 있게 만든다.

나는 첫 창업 후 사업을 확장했다. 그때를 생각하면 모든 것이 부족하고 아는 것도 없었다. 조직이 있으니 마냥 잘될 거로 생각했다. 정보 제공 사업의 성공 경험이 나를 과대평가하게 했다. 성공의 경험은 때로는 자신을 냉철하게 파악하지 못하게 만드는 경향이 있다. 이것을 가장 경계해야 한다.

자신에게 냉정하지 못하면 위기가 왔을 때 우왕좌왕하며 갈피를 잡지 못한다. 다시 창업하면서 스스로 냉철해지기 위해 무엇이든 배우려 했다. 익히면서 냉정한 시각으로 자신을 보려고 노력했다. '지피지기면 백전불태'다. 실패하지 않고 성공하기 위해서는 나를 제대로 아는 것이 필요하다. 1인 기업으로 생존하기 위해서는 자신에 대한 탐구를 통해 정확히 자신을 인지하며 버텨야 한다. 그래야 오래 버틸 수 있다.

　버티는 일은 말처럼 쉽지 않습니다. 그러나 창업가들에게는 버티는 것이 최선입니다. 1만 시간보다 중요한 것은 버티는 시간입니다. 예전 게임 방송을 즐겨 시청했을 때가 있었습니다. 그중 프로게이머인 '임요환' 선수를 좋아했는데 이유는 단순했었습니다. 그의 게임 플레이에 열광했기 때문입니다.

　그는 좀처럼 포기하지 않았습니다. 상대의 실수인지 행운이 깃든 것인지는 알 수 없지만 누가 봐도 졌다고 생각하는 게임에서 역전승하는 경우가 많았습니다. '어떠한 힘이 지는 게임을 이기는 게임으로 만들었을까?' 생각해 보면 자신을 믿고 버텨냈기 때문입니다. 믿음을 가지고 버티면 상황을 뒤집어 반전으로 승리한다는 사실을 입증해 주었습니다.

　믿음을 히브리어로 '에무나(emuna(אמונה))'라고 합니다. 단어를 번역하면 '버틴다.'라고 번역됩니다. 자신을 믿는다는 것은 버텨내고 있다는 뜻입니다. 자신을 믿는 마음은 자신을 알아야 생깁니다.

화내지 않는다

나와 일로 관계되는 사람들은 좀처럼 화내지 않는다. 기업을 운영하면서 하루에도 몇 번씩 화낼법한데 그렇지 않다. 온건한 성품으로 기업을 운영할 수 있다니 그저 놀라울 뿐이다. 기업가는 화를 내서는 안 된다고 말하는 사람이 있다. 나와 오랫동안 공연기획을 함께 진행한 미디어 기획회사 최익 대표다. 그는 "화는 내는 사람이 가장 손해 본다. 풀기 위해 알코올로 마음을 달래거나 줄담배 피운다. 때론 엉뚱한 곳에 돈을 쓰기도 한다. 돈 날리고, 건강까지 해칠 수 있다. 나는 손해 보는 일은 절대 하지 않는다. 그래서 화도 내지 않는다."라고 말한다. 공연계에서 잔뼈가 굵은 기획자답다.

래퍼인 도끼도 화내지 않기로 유명한 아티스트다. 어느 인터뷰에서 자신은 화를 거의 내지 않는다고 말했다. 심지어 힙합 레이블의 대표일 때도 주변에 있는 래퍼들은 화난 모습을 한 번도 본 적 없을 정도다.

그와 여러 번 공연했지만, 화를 내거나 언짢아하는 모습을 보지 못했다. 공연을 만들다 보면 조율하는 과정에서 성질 내는 아티스트가 많이 있다. 무대를 잘 만들기 위한 기획자의 무리한 요구 때문이다. 그런데 과도한 요구에도 화내기는커녕 더 열정적으로 요구에 임한다.

무리한 부탁에 왜 화를 내지 않는지 물어봤더니 "화를 내는 순간 공기의 흐름이 바뀝니다. 불편한 공기를 바꾸려 에너지를 많이 써야 하는데 곡 쓰기에도 부족한 시간을 그런 것에 낭비하고 싶지 않아서입니다." 라고 답했다. 진정한 래퍼의 말이 아닌가? 리스펙하지 않을 수 없다.

얼마 전 컨설팅을 하기 위해 어느 기업을 방문한 적이 있었다. 창업한 지 얼마 되지 않은 기업이지만, 규모가 꽤 있어 보였다. 회의실에서 담당자를 기다리고 있는데 쩌렁쩌렁한 한 남자의 목소리가 들려왔다. 격앙된 목소리로 직원들에게 호통을 쳤다. 화난 그의 목소리는 한참이 돼서야 수그러들었다.

한참 뒤 담당자가 난감한 모습을 한 채 회의실로 들어왔다. 그의 모습에서 오늘 면담은 물 건너갔음을 직감했다. "죄송해서 어쩌죠! 사장님과 미팅은 조금 어려울 것 같아요." 난처한 목소리였다. 다시 방문 날짜를 잡고 회사를 빠져나왔지만, 온종일 당황한 직원들 모습이 생각났다. 안절부절못하는 담당자의 얼굴, 의욕을 잃은 직원의 모습, 금방이라도 울 것 같은 호통 당한 직원 그들에게 오늘은 어땠을까? 사기는 바닥에 떨어졌을 거다. 떨어진 기세를 다시 원상으로 회복시키는 것은 어렵다. 모르긴 몰라도 오늘 하루는 완전히 망쳤을 것이다. 나 역시 다시 방문하기 싫다. 돈 되는 컨설팅을 그런 업체에 해주고 싶지 않다.

다양한 이유로 기업을 방문하다 보면 조직문화를 바로 느끼게 되는 순간이 있다. 담당자의 말투나 표정, 심지어 사무실 분위기나 공기의 흐름에서 즉각적으로 알아차린다. 특히 화를 통한 안 좋은 기운은 기막히게 안다.

어떤 기업은 팀원들이 생동감 있게 일을 처리하거나 직원들의 말투가 따뜻하면 밝은 회사다. 대부분 그런 기업의 대표는 화를 내지 않는다. 항상 웃는 얼굴이다. 모습도 밝아 조언할 맛 난다. 성숙한 대표의 성숙한 기업이다. 반면 팀원들 간의 경계하는 모습을 보면 유연하지 못하고 경직된 회사다. 대표가 출근하는 순간 화의 기운이 엄습한다. 직원이나 대표나 얼굴은 하나같이 어둡다. 그런 분위기를 파악하다 보면 문화로 마케팅을 할 수 있는 기업인지 아닌지 견적이 나온다.

창업한 기업가는 화를 안고 살아간다. 숙명과도 같다. 기업가로서의 충분한 욕구를 충족하기 위해서다. 하지만 화를 낸다고 욕구가 충족되지 않는다. 만족스러운 결과를 얻기 위해 화를 내다보면 자칫 화병으로 죽을 수 있다. 화를 내지 않고도 흡족한 결과를 내는 기업도 있다. 주위를 봐도 그렇다. 그들은 대부분 화를 내지 않거나, 감정을 희석할 수 있도록 노력한다.

그렇다면 어떻게 하면 화를 내지 않을 수 있을까? 이를 위한 확실한 방법은 자제력을 가지는 것이다. 큰일에도 뚜껑이 열리지 않게 감정을 억제하는 것이 중요하다. 즉 화가 난 상태에서는 말이나 아무런 행동도 하지 않으려고 애를 써야 한다. 못 참고 뚜껑을 여는 순간 현명한 판단은 온데간데없다. 이성이 사라져 보이는 것도 들리는 것도 없다. 실수

할 확률도 높다. 그뿐만 아니다. 다른 사람에게까지 전이된다. 특히 1인 기업일 경우 가족에게 전이되어 심각한 결과를 초래하게 된다.

한스컨설팅의 한근태 소장은 자신의 저서 《일생에 한번은 고수를 만나라》에서 "고수들은 좀처럼 화를 내지 않는다. 하수들은 화를 낼 만반의 준비가 되어 있다. 화를 내면 주변 사람들이 불편하다. 그런 사람을 좋아할 사람은 세상에 아무도 없다. 독거노인이 되고 싶으면 자주 화를 내면 된다. 화를 자주 낸다는 것은 그만큼 당신이 미성숙하다는 증거다."라고 말했다. 옳은 말이다. 고수가 되지는 못해도 적어도 성숙한 기업가는 되어야 한다.

나 역시 화를 주체하지 못해 위기에 직면한 적이 있었다. 지자체에 제안해 만든 코미디 극단을 운영하기 위해 데리고 온 개그맨에 대한 분노 때문이었다. 그와 나는 사사로운 문제로 감정의 골이 깊어졌다. 급기야 극단에서 쫓겨나는 수모를 겪게 되었다.

그때부터 화가 치밀어 오르기 시작했다. '내가 만든 극단을 네가 감히 날 내쫓아! 기회를 준 사람 등에 칼을 꽂아!'라는 생각에 일이 손에 잡히지 않았다. 그에게 어떠한 형식으로든 앙갚음하고 싶었다. 한 날은 그의 SNS 게시물에 "자기 사업하려고 욕심을 부리지 마라!"라고 댓글을 남기기도 했다. 어느 날은 전화상으로 그와 언쟁을 벌이기도 했다. 설전이 오갈수록 어린놈에게 당했다는 화와 수치심에 휩싸였다. 급기야 분노가 솟구쳐 걷잡을 수 없이 무너져 버렸다. 그 결과 반년 동안 회사 수익은 바닥을 쳤다.

"화가 날 때 앙갚음을 위한 행동을 하면 자신의 화가 더욱 커지는 결과가 빚어진다." 평생 구도의 삶을 사신 틱낫한 스님의 말씀이다. 옳은 말씀이라는 것을 실감했다.

유독 어떤 창업가에게만 화날 일이 많이 생기고, 어떤 창업가에게는 화낼 일이 전혀 존재하지 않는 걸까? 그런 건 없다. 일이 뜻대로 되지 않아 초조한 건 다 똑같다. 화로 모든 일이 술술 풀리는 예는 없다. 그리고 화는 기업을 운영하는 데 전혀 도움 되지 않는다. 화가 날 때는 잠깐 그 공간을 벗어나는 것도 도움 된다. 좋은 음악이 흐르는 공간이나, 사람이 많은 장소에 가면 화가 줄어드는 경우도 있기 때문이다.

⟨ Tip & Talk ⟩

최근 언제 화를 냈는지 기억이 없습니다. 화로 회사의 매출이 바닥을 친 이후로는 어떤 일이 있어도 화를 내지 않습니다. 화가 없으니 마음이 항상 편안합니다. 일도 그냥 잘 풀립니다. 좋은 기운의 사람들이 곁에 모입니다. 화를 다스렸던 훈련 덕분입니다.

아리스토텔레스는 "누구나 화를 낼 수 있다. 그러나 적절한 상대에게 적절한 이유로, 적절한 시간에, 적절한 방법과 적절한 정도로 화를 내기는 힘들다."라고 말합니다. 그렇습니다. 화는 다스리기 힘든 정서입니다. 그래도 다스려야 합니다. 그러기 위해서는 부적절하게 화를 내지 말고, 언어나 행동으로 표현하지 말아야 합니다. 화의 원인에 직면하고, 화를 지연시킬 힘을 길러야 합니다. 화가 날 때 가볍게 눈을 감아 영화 굿모닝 베트남에서 흘러나온 루이 암스트롱의 ⟨What a wonderful world⟩를 들어보길 권합니다.

얽매이지 않는다

　도전적인 사람은 얽매이지 않는다. 나이에, 남의 시선에, 기존 가치관과 틀에도 얽매이는 법이 없다. 어디에도 얽매이지 않으니 눈치 볼 필요가 없다. 성공한 기업가들은 도전적인 혁신가다. 모든 것에 거침이 없다. 얽매이지 않아서 그렇다. 얽매이지 않는 것은 사회가 정해놓은 관행에 대해 의식하지 않는다는 뜻이다. 관례에 의식하면 모험적이지 못해 도전은 꿈도 못 꾼다. 관습에 벗어나 주체적이고 능동적으로 도전하는 것이 창의적인 혁신가다.

　사회적 통념도 그렇다. 보편적 개념에 얽매이지 않을 때 혁신적인 생각들이 샘솟는다. 학창 시절 그런 통설을 깨트린 적이 있었다. 미술부 활동을 하던 나는 전국 대회에 출품할 불조심 포스터를 그려야 했다. 그 시절 불조심 포스터는 성냥과 담뱃불이 많이 등장했다. 바탕은 대부분 노란색과 붉은색이 주를 이루었다. 포스터에 들어가는 표어는 모두

돋움체다. 색 사용은 5도 이내여야 한다는 규정도 있었다. 지금은 포스터 그리는 방법이 매우 다양하지만, 그때는 모두 다 천편일률적이었다.

적어도 전국 대회에 출품할 작품인데 색다르게 표현하고 싶었다. 그래서 타다만 성냥을 스케치북에 여러 개 붙였다. 성냥을 붙인 자리에는 불로 살짝 그을렸다. 상단 스케치북 일부를 태웠다. 작품을 본 선생님은 성냥이 어디서 났는지? 담배를 피우는 게 아닌지? 교실에서 왜 불을 냈는지? 추궁했던 기억이 난다. 출품한 작품은 장려상을 받았다. 그 이후에도 그림을 다르게 표현하는 방식을 고수해 입상도 여러 번 했다. 지금 창의적인 일을 할 수 있게 한 원동력이다.

싸이나 〈BTS〉도 그랬다. 싸이는 B급 정서의 음악인 〈강남스타일〉을 유튜브에 과감히 풀어버렸다. 통상 국내 가수들은 음반을 내고, 방송을 타고, 인기를 얻고 난 뒤 그것을 기반으로 해외 진출한다. 그것이 아티스트 홍보의 일반적인 통념이었다. 싸이는 그런 보편적 개념에 얽매이지 않았다.

유럽이나 미국 팝 시장에서는 한국 아이돌은 남이 만들어 준 음악을 한다는 고정관념이 있다. 〈BTS〉도 처음엔 그랬다. 그런 보이그룹이 세계시장의 고정관념을 깨버렸다. 멤버 모두가 음악에 참여해 곡을 만들었다. 그뿐만 아니다. 젊은 세대가 관심을 가질만한 사회적 메시지를 담아 노래했다. 지금의 아이돌과는 사뭇 다르다. 그들 때문에 K팝은 세계 음악 시장의 주류가 되었다. 통념에 얽매이지 않으면 비주류에서 주류가 될 수 있다.

사회적 신분도 그렇다. 한번 교수면 영원한 교수다. 국회의원을 한번 하면 평생 국회의원 소리를 듣는다. 평생 갑의 위치에 있던 사람은 을의 위치에 있지 못한다. 뻣뻣해 숙일 수 없어 힘들어한다. 이런 사람들은 죽을 때까지 사회적 신분에 얽매인다. 사회적 신분에 얽매이지 않는 사람은 시야가 넓다. 생각도 자유로워 새로운 신분에 완벽하게 적응한다.

부산대학교 강인준 명예교수가 그런 분이다. 대학을 떠나 지금은 유튜브 '행복전성시대' 제작자로 활동하고 있다. 나는 그분을 '존'이라 부른다. 첫 만남에서부터 그렇게 불러달라는 부탁이 있었기 때문이었다. 단순히 영어 이름을 가지고 있구나 생각했다. 한참 후에야 대학교수로 재직했다는 사실을 알게 됐다. 왜 교수님이라 부르지 못하게 했는지를 물었더니 이렇게 답한다. "교수가 대단한 지위도 아니라고 생각한다. 선입견이 생기면 그 사람의 가치가 퇴색된다. 그냥 사람 대 사람으로 대해야 한다. 그래야 평등해져 선입견이 생기지 않는다. 무슨 일을 했는지, 무슨 일을 하는지 인간관계에서는 전혀 필요한 정보가 아니다." 멋진 어른이다. 존경하지 않을 수 없다.

내가 사는 아파트 경비원 형님 역시 사회적 신분에 얽매이지 않는 분이다. 틈만 나면 주민을 위해 몸을 아끼지 않는다. 주민들이 무엇을 필요로 하는지를 잘 안다. 그분이 없으면 불편할 지경이다. 그런 그분이 시간 나면 항상 경비실에서 책을 읽고 계신다. 등기우편을 찾아가기 위해 경비실에 들러 무슨 책을 읽으시나 보면 놀랍다. 해리포터 시리즈다. 그것도 영어로 된 서적이다.

그뿐만 아니다. 같은 동에 사는 캐나다 부부와 영어로 프리토킹을 한다. 예사 분이 아니다. 전직이 궁금해 물었더니 외국인 학교 교장 선생님이셨단다. 어르신이라 부르겠다고 하니 형님이라 불러달란다. 예전 신분이 그러할 뿐 지금은 주민을 위해 일하는 경비원이란다. 경비원이란 신분에 완벽하게 적응한 것이다. 그런 분을 형님으로 모실 수 있어 영광이다.

나이도 그렇다. 나이에 지나치게 얽매이는 사람은 무엇을 제대로 할 수 없다. "조금만 젊었다면.", "나이가 드니 예전 같지 않아.", "이 나이에 무슨……." 틈만 나면 나이 탓이다. 심지어 주위 사람들도 마찬가지로 나이를 거론하며 거든다. 열정은 나이가 만든다고 생각하기 때문이다.

예비 창업자 대상으로 강의하면 항상 "나이가 많아서 새로운 일에 겁부터 납니다.", "이 나이에도 할 수 있을까요?"라는 말을 하는 사람들이 있다. 나이가 무엇을 할 수 있는 기준이 된다고 여기는 사람들이 의외로 많다. 물론 새로운 일에 나이가 장벽이 되는 것도 사실이다. 하지만 이것은 소수의 일이다. 성공의 기회는 나이와 상관없다는 걸 자주 봐왔다.

요트 대여업을 하는 모두의 요트의 유현웅 대표가 그런 분이다. 행사나 강연자로 자주 섭외하는 분이다. 60을 훌쩍 넘긴 나이지만 전혀 의식하지 않는다. 통나무배 하나로 대한해협을 횡단하겠다고 했을 때 주위 사람들은 달렸다. 늘 이런 얘기를 늘어놓는다. "그러다 잘못되면 죽는다.", "네 나이에 무슨……. 그냥 체육관에서 수영이나 같이하자." 마술을 체계적으로 배우고 싶어 대학 마술 학과에 진학했을 때도, 다큐멘

터리 영화 시나리오를 쓰고, 영화배우가 되겠다고 했을 때도 마찬가지였다. "다 늙어서 주책이다.", "그 나이에 그러고 싶냐?" 그분은 그 나이에 그러고 싶어 한다. "나 같은 하고잡이는 나이에 연연하지 않는다. 만약 나이에 얽매였다면 요트 사업은 꿈도 못 꾸었고, 마술사도 되지 못했다. 하고 싶은 일은 많은데 나이가 걸려 할 수 없으니 신세 한탄하며 매일 술만 퍼마셨을 것이다."라고 말한다.

나이가 꿈을 이루게 하는 것에 대해 결정적인 역할을 한다는 생각은 버려야 한다. 꿈을 이루기 위해 너무 늦거나 이른 것은 없다. 그러니 나이 들었다고 불안해할 필요 없다. 나이 든다는 것은 잘 익어간다는 뜻이다. 숙성이 잘되고 있다는 얘기다.

"나이가 든다는 것은 거대한 산을 타는 것과 같다. 올라가는 동안 힘이 점점 빠지지만, 동시에 시야는 더욱더 자유로워지고, 더 넓어지며, 더 고요해진다." 현대 영화사의 최고의 감독이라 불리는 잉그마르 베리만의 말이다. 새겨들어야 할 명언이다.

지금 내가 얽매이는 것은 무엇일까? 어떻게 해야 의식하지 않고 하고 싶은 일을 할 수 있을까? 얽매이지 않을수록 도전 의식이 강해져 신나게 전진할 수 있다. 혁신적인 기업가는 얽매이지 않는 힘으로 기업을 운영하는 자다.

　　LG 트윈스 출신의 박용택 해설위원은 "저는 나이를 인정하지 않았어요. 심지어 방망이가 좀 안 맞으면 아버지께서 나이를 먹으니 스윙 스피드가 떨어졌구나! 이러시는데 그러면 아버지 좀 가만 계세요라고 역정을 낼 정도로 그런 생각들을 머릿속에 요만큼도 넣지 않았죠. 20대에 2할 타자였고 30대 3할 타자였으니 40대엔 4할 타자가 될 거란 마음을 갖고 늘 시즌을 준비해 왔습니다."라고 말했습니다.

　　나 역시 그렇습니다. 불혹을 한참 넘겨 다시 창업하겠다고 했을 때 주위에 많은 사람이 말렸습니다. "40이 넘은 나이에 무슨 창업을 해!", "그냥 택배 하던 거나 해, 지금 잘 벌고 있잖아!", "지금 잘못되면 정말 제기하기 어렵다." 온통 주위에서는 걱정스러운 이야기뿐이었습니다. 그런 걱정을 뒤로하고 창업을 결심하게 된 것은 실패하더라도 그 상황을 호기롭게 받아들일 여유가 생겼기 때문입니다. 나이가 들면 그런 호기까지 생기게 됩니다. 나이가 든다는 것은 젊음을 잃는 게 아니라 또 다른 세계의 새로운 시작을 뜻합니다. 그런 생각이 있기에 나이에 의식하지 않습니다. 나이에 얽매이지 않으니 인생 즐겁습니다. 재미있습니다.

명확하다

명확하다는 것은 선명하다는 것이고, 선명해야 뚜렷한 믿음이 생긴다. 굳은 믿음은 목표를 이루는 데 도움이 된다. "혼돈과 좌절은 명료성의 부족에서 비롯된다. 이러한 감정은 모든 인간의 목표에 독이 된다." 미국의 경제, 경영 저술가인 스티브 마라볼리의 말이다. 바꿔 말하면 성공하기 위해서는 명확해야 한다는 얘기다. 나는 이 말에 적극적으로 동의한다. 많은 기업을 컨설팅하고 다양한 일을 협업하면서 성공한 기업을 많이 만났다. 그런 기업들은 하나같이 어떤 부분에 있어 명확했다. 그렇다면 성공한 기업들은 무엇이 명확할까?

비전이 명확하다. 1인 기업들의 성공은 확실한 비전에 따라 결정 나는 경우가 많다. 명확한 비전은 기업을 움직일 수 있게 만드는 원동력이기 때문이다. 비전이 분명하지 않으면 마치 엔진 없는 차를 운전하려는 것과 마찬가지다.

'꿈을 위해 땀 흘리는 열정적인 선수들의 놀이터를 만들겠다.' 가수 싸이의 1인 기획사 피 네이션(P NATION)의 비전이다. 그가 1인 기획사를 설립할 당시 어느 인터뷰에서 밝힌 말이기도 하다.

싸이는 열정이란 단어를 떠올리게 하는 아티스트다. 무대 위에선 열정이 넘치다 못해 폭발한다. 그런 공연을 본 관객은 미친다. 몇 년 전에 협력업체로 공연에 참여한 적이 있었다. 현장에서 보고 있는 나도 그 순간 그냥 미친놈이 된 경험을 했다. 누구보다도 열의가 넘치기 때문이다. 현장을 잘 알기에 마음껏 놀 수 있는 열성적인 장을 만들겠다는 것이다. 설립한 지 2년 만에 제시, 현아, 크러쉬 등 정열적으로 잘 노는 아티스트들이 모였다. 비전에 부합하는 아티스트들이다. 확실한 비전은 조직뿐 아니라 기업을 더욱 탄탄하게 만든다. 성공할 수밖에 없다.

소신이 명확해야 한다. 소신은 자신감에서 나온다. 자신감은 용기가 있어야 생긴다. 그래야 성과를 낼 수 있다.

넷플릭스 CEO인 리드 헤이스팅스는 이렇게 얘기했다. "기업가라면 날아다니는 새를 잡기 위해 비행기에서 뛰어내릴 수 있을 정도의 확신은 가지고 있어야 합니다. 물론 어리석은 행동으로 보일 수 있습니다. 새를 잡기는커녕 새 근처에 가지도 못하고 땅에 떨어질 수 있기 때문입니다. 하지만 몇몇은 새를 붙잡는 데 성공하기도 합니다." 그만큼 명확한 소신을 갖는다는 것은 어렵고 힘들다는 방증이다.

또한 그는 이런 얘기도 했다. "창업자는 반드시 반대를 보는 관점을 가져야 합니다. 모두가 당신에게 바보라고 할 때, 바보처럼 그것을 밀어붙여야 합니다. 종종 아무도 믿지 않는 것에 당신이 강력한 믿음을 가진다면, 그것은 현실이 될 가능성이 있습니다."

그렇다. 자신을 믿고 용기를 가진다면 소신은 자연스럽게 생기기 마련이다. 그런데 초기 창업자들은 소신과 믿음 앞에서 한없이 작아진다. 특히 전문가들이나 멘토의 조언에 귀를 기울일 때가 그렇다. 듣다 보면 이 말도 옳고, 저 말도 맞다. 그런 조언을 맹신하다 보면 시야가 좁아져 확신하지 못한다. 갈팡질팡 이리저리 휩쓸리는 경우도 생긴다. 조언이 다 정답일 수만은 없기 때문이다. 그냥 자신을 믿고 흔들림 없이 밀고 나가야 한다. 실패하더라도 그래야 한다. 명확한 소신은 경험과 체험이 바탕이 될 때 더 단단해지기 마련이다.

"1가지 일에만 집중하세요. 그래야 성공합니다." 두 번째 창업 과정에서 전문가들의 해준 조언이다. 난 그때나 지금이나 다양한 일을 한다. 1가지 일에서만 두각을 나타내는 기업이 있지만 여러 가지 일에 두각을 나타내는 기업도 있다. 10년 동안 기업을 잘 운영하는 걸 보면 나의 소신이 틀리지 않았다고 믿고 있다. 성공하기 위해서는 어떤 어려움이 있더라도 자신의 신념을 굳건히 다져 실천해야 한다.

철학이 명확해야 한다. 장수하는 기업들은 철학을 담아 기업을 운영한다. 기업 문화란 그렇게 생기기 때문이다. 좋은 기업 문화는 성장과 함께 성공을 만들어 낸다. 2019년 미국 내 기업평판 순위 1위에 오른 웨그먼스가 대표적이다. 넓은 미국 땅에 적은 가맹점을 가진 푸드 마켓 체인 기업이다. 웨그먼스의 직원들은 만족도가 높을 뿐 아니라 이직률도 낮다. 한번 들어가면 평생직장이라고 생각한다. 창업 이래 100년 넘도록 정리 해고가 한 건도 없다. 만약 부득이하게 직원이 나가야 할 때

새 일자리를 찾아준다.

　2012년 뉴욕의 한 웨그먼스 매장이 문을 닫게 되자, 회사는 직원 모두를 뉴욕의 다른 매장에서 일할 수 있도록 했던 일화는 유명하다. 'employees first, customers second(직원이 먼저, 고객은 그다음)' 웨그먼스의 경영철학이다. 규칙보다 자유와 창의적으로 일하도록 보장한다. 직원들이 기업에서 대접받는다고 느낄 때 더 좋은 결과를 만든다고 믿고 있기 때문이다.

　나와 같이 협업하는 미래기획의 최중곤 대표도 그런 기업가다. 그는 직원을 귀하게 여긴다. 직원을 바라보는 관점이 다르기 때문이다. 직원을 기업과 함께 성장하는 대상으로 여긴다. '직원은 최상의 파트너다.'라는 철학을 가지고 있기 때문이다. 10년 동안 다양한 일을 함께하면서 단 한 사람의 직원도 그만두는 것을 보지 못했다. 놀라운 일이다. 나에게는 최적화된 협업 기업이다. 내가 무엇을 생각하는지 대표뿐 아니라 직원들도 훤히 꿰고 있다. 함께 일하면 능률도 더 오른다.

　나에게 있어 없어서는 안 되는 협업 기업이다. 1인 창조기업으로 시작해 어느덧 중견 기업으로 성장했다. 그는 "기업은 누군가의 희생을 강요해서 이익을 추구해서는 안 된다. 그 대상이 거래처든 협력업체든 직원이든 무엇이든 희생을 통해 돈을 번다는 것은 폭력배나 다름없다. 그렇게 돈을 버는 기업은 오래가지 못한다. 기업이 장수하기 위해서는 모든 대상을 최상의 파트너라 생각해야 한다. 그래야 최고의 성과가 나온다. 이익은 그다음에 자연스럽게 따라온다."라는 말을 했다. 본받고 싶은 기업가다. 그런 기업과 오랜 기간을 협업한다는 것은 큰 행운이다.

기준이 명확하다. 오래가는 기업은 기준이 있다. 특히 일과 돈에서 그렇다. 일 잘하는 기업가는 명확한 잣대로 해야 할 일과 해서는 안 될 일을 구분한다. 반대로 기준 없이 일하다 보면 오래가지 못한다. '좋은 게 좋은 거다.', '일이 있음에 감사하자.', '일이라면 무조건 하자.' 정말 좋은 생각이다. 그런 긍정적인 태도도 필요하다.

그런데 기준 없이 마냥 잘 될 것이라고 믿고 일하다 보면 능률은 오르지 않고 몸만 바빠지게 된다. 게다가 수익도 안 된다. 일의 노예가 되어버리니 미칠 지경이다. 이 일을 계속해야 하나 싶은 생각도 든다. 끝내 오래 일을 할 수 없게 되는 경우도 발생한다.

나는 해야 할 일과 해서는 안 될 일에 대해 분명한 기준점을 가지고 있다. 그 기준은 기회다. 아무리 큰 수익이 난다고 해도 기회가 없으면 하지 않는다. 반면 더 큰 일의 기회가 생긴다면 돈이 되지 않는 일이라 해도 반드시 한다.

얼마 전 기획했던 해운대 해변 라디오의 운영이 그렇다. 기획 당시 3개월 운영 지원에 관련한 내용은 이랬다. '지원예산 20,000천 원(전액 출연자 보상금)' 운영하는 업체의 수익은 없다는 것이다. 주위에선 "돈 안 되는 일을 왜 하느냐?"라고 얘기한다. 원래 일이란 게 톱니바퀴처럼 물고 물리는 경우가 흔하다. 지자체 일은 더욱더 그러하다. 수익이 나지 않은 일을 함으로써 수익이 날 수 있는 새로운 일을 만들 기회를 봤기 때문이다. 해운대 강연 프로그램인 〈해변인〉, 지역 최초 문화 일자리 형 코미디 극단 〈해운대 개그 학과〉와 〈해운대 마임극단〉 등이 돈 안 되는 일에서 기회를 봐 만들었던 사업들이다.

몸값도 마찬가지다. 알고 지내는 한 개그맨은 몸값에 대해 기준을 명확하게 제시한다. 그는 친하다고 해서 몸값을 낮게 제시하지 않는다. 아는 사일수록 더 정확하다. 그러니 몸값이 들쭉날쭉할 일이 없다. 이미 시장에선 그의 몸값은 이렇다 할 정도로 기준이 정해져 있기 때문이다. 몸값에 대한 기준을 묻는 말에 이렇게 답한다. "내가 이런 기준에 대해 분명함을 유지하는 것은 나를 위해서가 아니라 선배나 후배 동료들 때문입니다. 기준 없이 몸값을 부르다 보면 선배나 후배 동료들이 피해를 보기 때문입니다." 그도 그럴 것이 명확한 기준 없이 덤핑하듯 몸값을 올렸다 내렸다 하면 그것이 기준이 되어버리기도 한다. 피해는 고스란히 동료 개그맨들에게 이어져 몸값을 제대로 받지 못하는 경우가 발생한다.

기업 혹은 기업가가 시장에서 존재감을 높이려면 명확한 경영관이 필요하다. 그래야 비범한 성과를 낼 수 있다. 유능한 CEO가 되고 싶은가? 명확하게 생각하고 명확하게 일하라.

명확하지 않은 기업가는 오래가지 못합니다. 무엇이든 분명한 기업가가 성공에 유리합니다. 특히 1인 기업가는 명료성에 관한 한 병적일 정도가 되어야 합니다. 무엇이 분명해야 하는지 고민할 수 있어야 합니다. 그래야 기업은 성장하고 진화합니다. 기업가가 성장하는 만큼 기업도 성장하기 때문입니다. 명확하면 기업이 어떻게 나가야 할지 길이 보이기 마련입니다. 창업으로 성공하기 위해서는 다양한 역량이 필요합니다. 특히 명료성에 관한 안목이 있어야 합니다. 구체적이지 않고 명확하지 않은 역량으로는 성공할 수 없습니다. 무엇이든 명확하지 않다는 것은 날개 없는 독수리와 같기 때문입니다.

되돌아본다

아마추어 권투경기는 점수제다. 이른 시간 안에 많은 점수를 얻기 위해선 기본기와 체력을 중시하는 훈련을 택한다. 반면 프로선수들의 경기는 장기전이다. 될 수 있는 대로 체력을 비축해 가는 훈련 방법을 마련한다. 기술적 훈련과 정신력 강화 훈련을 함께한다. 상대의 허점 파악을 하는 것도, 한 방을 노리기 위해서도 강한 정신력이 뒷받침되어야 하기 때문이다.

정신력을 키우기 위해 선수의 모든 경기를 녹화한 영상을 보게 한다. 선수의 모든 움직임을 되돌아보게 함으로써 수비와 공격의 포인트를 명확하게 잡게 한다. 아마추어 권투 선수와 프로선수의 훈련을 담당한 모 코치의 훈련 방법이다. 그는 "링 위에서는 상대를 이기는 것도 중요하지만 더 중요한 것은 자신을 이겨야 한다. 그러기 위해선 자기를 되돌아봐야 한다."라고 말했다.

자신을 뛰어넘기 위해서는 회고해야 한다. 무엇이 부족한지, 개선할 것은 없는지, 잘한 것은 칭찬해 주고 부족한 것은 채워주는 것이 좋다. 자기 성장은 자신을 넘어서는 순간 이루어진다. 그러한 자기 돌아보기에서 중요한 것은 미래에 대한 준비다. 지난 일을 잘 맺음으로써 새롭게 할 일에 대해 추진력을 얻어야 한다는 것이다. 잘못을 가려내는 것이 아니라 행위의 경험을 지혜로 만들어야 한다.

지피지기면 백전불태다. 여기서 상대를 아는 것도 중요하지만 이보다 더 중요한 것은 나를 알아야 한다. 나를 아는 것은 나를 되돌아보는 것에서 시작된다.

《논어》에 "하루에도 여러 번 나는 자신을 돌아본다. 해야 할 일은 충실히 실행하였는지, 또 친구들에게 신의를 잃는 행동을 하지 않았는지, 또 내가 배운 것을 몸소 실행에 옮겼는지 말이다."라는 말이 있다. 자신을 초월하는 사람은 자기 돌아보기를 잘한다. 회고와 자기성찰에 대해 강박증이 있다.

아모레퍼시픽그룹 서경배 회장이 그렇다. 그분은 매일 잠자리에 들기 전 5분 동안 하루를 돌아보면서 자신을 반성한다. 하루를 잘 보냈는지, 얼마나 생산적인 일을 해냈는지 돌아보는 것이 습관이 된 기업가다. 혁신의 전도사, 최고의 테크노 CEO, 한국의 잭 웰치, 시스템 경영의 대가 등 많은 수식어가 따르는 사단법인 행복나눔125 명예회장인 손욱 회장도 그런 분이다. 매일 감사하는 일 5가지를 일기에 적으며 자신을 돌아보는 시간을 갖는다. 감사하는 마음으로 자신을 돌아보면 긍정적으로 변할 수밖에 없다.

1인 기업으로
다시 창업했습니다

자주 강사로 섭외하는 티에이치 기획의 김태훈 대표는 회고를 통한 자기관리를 잘하기로 유명하다. 대기업의 브랜드 전략 기획팀에서 오래 근무한 프로답게 기획 분야에서 강사 섭외 1순위다. 그의 강의 평가는 좋다. 같은 주제도 내용이 다르기 때문이다. 그래서 한번 강의를 섭외한 기업은 콕 찍어 섭외요청을 한다.

그는 강의 평가서를 꼼꼼히 챙긴다. 병적일 정도다. 한 장 한 장 사진을 찍어 인쇄한 후 일일이 읽어본다. 어떤 내용이 좋았고, 무엇이 부족했는지 하나하나 되짚어 본다. 그뿐만 아니다. 자신의 강의 영상을 찍어 다시 챙겨본다. 강의 자세가 어땠는지 무슨 이야기를 했는지 꼼꼼히 기록한다. 첫 강의 평가서를 비롯해 영상과 기록 등이 사무실에 한가득 정돈되어 있다. 그런 자료들을 챙겨보며 매번 강의 교안을 업그레이드한다. 교수법이 참신한 이유다. 이런 행동에 대해 그는 이렇게 말한다. "평가서나 영상에 집착하는 이유는 나 자신을 발전시키기 위해서다. 강사는 강의를 통해 변화와 성장을 끌어내야 한다. 나를 강사로 섭외한 이유다. 그러려면 내가 먼저 변화해야 하고, 성장해야 한다. 내가 발전되지 않는데 무슨 얘기를 하나." 회고를 통해 지혜를 쌓는 기업가다. 왜 강사 섭외 1순위인지 알 것 같다.

이래공업의 박두철 회장은 자기 돌아보기를 남다르게 실천하는 기업가다. 자주 만나지만 한결같이 하는 이야기는 사업에 성공하려면 자신을 자주 돌아보라고 말한다. 그분의 출근 시간은 새벽 4시다. 출근해서 가장 먼저 하는 일은 부서별 보고서 등 다양한 서류들을 검토하는 일이다. 그중 가장 꼼꼼히 들여다보는 서류는 자신이 쓴 회고일지다. 회고

일지를 매일 작성하며 하루 일을 되돌아본다. 그리곤 완결되었으면 사인을 한다. 미결인 상태도 있는가에 물었더니 있단다. 하지만 하루를 넘기게 않게 일을 완결시킨다고 한다. 퇴근은 가장 늦다. 회고 업무일지로 하루를 마감하기 때문이다. 여느 기업가가 그렇듯 쉴 틈이 없이 빠듯한 일정이지만 하루도 거르지 않는다. 그 덕에 기업이 생긴 지 50년 동안 서른 번의 정부포상을 받았다. '생산적인 일을 해서 회고일지를 쓰는 게 아니라 회고일지를 쓰면 생산적인 일을 하게 된다.' 그분의 생각이다.

인디언들이 말을 타고 세차게 달리다, 이따금 언덕에 올라서 자신들이 달려온 길을 되돌아본다고 한다. 그것은 자신의 영혼이 따라오는가를 보기 위함이다. 그리고 자신이 달려온 길을 바라보면서 잘 달려왔는지, 말은 지치지 않았는지, 목적지에 도착하려면 어떻게 달려야 하는지 등을 생각한다고 한다. "효과적인 활동을 했으면 조용히 되돌아보라. 조용히 되돌아보면 훨씬 효과적인 활동을 할 수 있다." 피터 드러커의 말이다.

성공하는 사람은 이유가 있다. 배우거나, 노력한다. 당신은 어떤가? 성공을 위해 무슨 노력을 하고 있는가?

나 역시 기록을 남기며 하루를 되돌아봅니다. 누구를 만났는지, 무엇을 이야기했는지 심지어 점심, 저녁 메뉴나 상대방의 기분도 기록되어 있습니다. 사소하지만 어떤 일을 어떻게 했는지 어떻게 할지가 보입니다. 개선할 점이 보이면 해결점도 함께 보이기 마련입니다. 일에 대한 능률이 오를 수밖에 없습니다. 자신을 되돌아보는 행위에서 강한 추진력을 얻습니다.

성공한 많은 기업가를 만나면서 항상 듣는 이야기는 "자신을 돌아보라."는 것입니다. 누군가는 '1인 기업이 무슨 회고가 필요하겠어?'라고 생각하고 들을 수도 있겠지만 누군가는 실천하며 행동으로 옮깁니다. 따지고 보면 회고의 힘은 우리가 아는 것보다 더 대단합니다. 그러니 열심히만 일하지 말고 자신에 대해 되돌아보는 습관을 만들어야 합니다.

4

1인 기업가,

그들의

생존법

새로운
관점으로 본다

　나와 공동 작업하는 차석호 대표는 대학 시절 컴퓨터과학을 전공한 인공지능 전문가다. 구글의 인공지능 '알파고'가 이세돌 9단을 이긴 데 대해 큰 충격을 받았다. 그때부터 인공지능 시대에 인간만이 할 수 있는 것에 대한 궁금증을 품고 다녔다. 《인공지능의 미래 사람이 답이다》라는 책은 그런 궁금증에 관한 물음에서 썼다.

　인공지능의 원리는 경우의 수와 확률 계산이다. 과거의 데이터들을 분석해야지만 가능한 일이다. 인공지능도 하지 못하는 것이 있다. 미래를 예측하는 것이다. 그의 결론은 생각, 사고, 경험은 인공지능이 할 수 없다는 말이다. 나는 그의 결론에 동의한다. 결국 인공지능 시대에 살아남는 기업은 '1인 창조기업'이다. 인간만이 지닌 감성과 창의성을 바탕으로 일을 기획하고 만드는 기업가가 유리하다. 성공하기 위해서는 새로운 관점으로 보고, 생각하고, 운영해야 한다.

그렇다면 어떻게 해야 할까?

첫째, 호기심을 가져야 한다. 창의성은 호기심에서 출발한다. 스테판 오슈만 머크 회장은 2017년 노벨상 수상자를 초청해 호기심 콘퍼런스를 열 정도로 과학적 호기심이 많다. 그가 회장에 취임하자마자 기업 문화를 바꿨다. 본사 앞 상징이었던 블루 피라미드 조형물을 없앴고 기술혁신 센터를 지었다.

기업 로고도 바꿨다. 심지어 사내 웹 사이트를 비롯한 문서 등 모든 디자인을 다양한 색으로 꾸몄다. 호기심을 촉발하기 위해서다. 사업도 호기심을 자극하지 않는다고 판단되면 과감히 정리했다. 일반 의약품과 바이오시밀러 사업을 P&G에 매각한 것은 이런 배경에서다. 그는 한 언론 인터뷰에서 "직원들이 어린아이처럼 호기심이 충만한 회사를 만드는 게 목표다."라고 말했다.

호기심은 불확실하지만, 가능성 있는 미래에 대처할 힘이다. 오늘과 미래, 질문과 답, 알려진 것과 알려지지 않은 것에 대한 틈을 메워주기 때문이다. 호기심은 사람을 긍정적으로 만든다. 혁신은 호기심이 있어야 가능하다. 정신분석가인 도널드 W. 위니콧은 "인간이 호기심을 잃으면 창조성, 자발성, 행복과 같은 생명적인 충동도 사라진다."라는 말을 했다. 호기심이 없는 기업가는 기업의 생존 동력을 잃게 만든다.

둘째, 감성적이어야 한다. 기업가들은 생각이 뚜렷하고 똑똑하다. 이성적이다. 합리적인 효율성은 빠르게 변화하는 기업 환경을 극복하지 못한다. 기업이 오래 생존하기 위해서는 감성이 필요하다. 감성이 부족한 기업은 지금과 같은 환경에서 위기로 이어질 수 있다. 1975년부터

1991년까지 질레트의 최고경영자였던 콜먼 모클러는 감성적인 사람이다. 그는 늘 겸손하고 잘못된 결과에 대해서는 책임을 지고 해결한다. 결코 외부 요인으로 책임을 돌리지 않는다. 자신의 야망보다는 회사와 관계된 사람을 먼저 생각하고 기업을 운영했다. 재임 기간에 여러 차례 적대적 인수 합병 시도에 부딪혔을 때가 있었다. 개인적으로 억만장자가 되고도 남는 제안이었지만, 이사진과 함께 수천 명의 개인 투자자에게 전화해 주식을 팔지 말아 달라고 부탁했다. 그렇게 살아남아 '센서'와 '마하 3'을 선보이며 시장의 선두 주자로 일어섰다. 모클러는 20년 가까운 세월 동안 평균 주가 상승률의 6.4배를 이뤄내며 회사를 지켜준 주주들에게 보답했다. 오래 생존하는 기업은 경영자 개인의 명예나 이익을 먼저 앞세우지 않는다. 사소한 성취라도 업무를 수행한 사람들을 칭찬하고 격려한다. 눈과 귀, 마음을 열어 그들과 함께 기뻐하고 슬퍼하고 공감한다. 감성적인 경영자가 되어야 하는 이유다.

셋째, 미래를 보는 통찰을 가져야 한다. 통찰은 여러 각도에서 봐야 얻어진다. 고정관념에서 벗어나 새로운 관점으로 사물을 봐야 한다. 다양한 각도에서 문제를 재해석해야 해결의 실마리가 보인다. 통찰은 그때야 생긴다.

고 정주영 회장이 1950년대 부산에서 건설업을 하던 시절의 이야기다. 당시 미국의 아이젠하워 대통령이 부산 유엔군 묘지를 방문할 것이라는 소식이 들렸다. 미국 정부는 한겨울 묘지 분위기가 썰렁할 것을 걱정했다. 허전함을 해결하기 위해 정주영 회장에게 잔디를 깔아달라고 요청했다. 추운 겨울에 잔디를 깔기란 불가능한 일이다. 정주영 회장은 달랐다. 묘지에 낙동강 보리밭에 있는 보리 새싹들을 옮겨 심었다. 그럴듯하게 파릇파릇한 잔디밭을 만들어 낸 것이다.

낙동강 보리밭에 있는 보리 새싹들을 옮겨 심었을 때 그는 "그 사람들이 원하는 것은 잔디가 아니라 푸른빛이고, 나는 푸른빛을 입혔을 뿐이다."라고 말했다. 잔디를 '잔디'로만 인식했다면 해결할 수 없는 일이다.

피터 드러커는 자신의 저서의 《매니지먼트》에서 통찰의 중요성을 이렇게 말했다. "경영자는 심리학, 철학, 경제학, 역사학, 물리학은 물론 윤리학에 이르기까지 인문과학과 사회과학에 대한 지식과 통찰력을 갖추어야 한다. 그리고 이를 효과적으로 활용해 성과를 거두어야 한다. 지식과 통찰력을 바탕으로 아픈 사람을 치료하고, 학생을 가르치고, 다리를 건설하고, '사용자 친화적인' 프로그램을 설계하고 판매해야 한다." 문제의 핵심을 간파하는 통찰은 불가능을 가능으로 바꾸어 놓는다. 이것이 통찰의 힘이다.

미국 컬럼비아 대학의 총장이었던 니컬러스 머리 버틀러는 세상 사람들을 세 종류로 분류했다. 무엇을 창조하는 소수의 사람, 무엇이 창조되는지를 구경하는 사람, 무엇이 창조되는지를 모르는 대다수의 사람이다. 생존하는 기업가는 창조하는 소수의 사람이 되어야 한다. 생존을 넘어 성공한 기업가들은 새로운 시각으로 기업을 운영한다. 그들은 늘 어떻게 하면 새로운 것을 시도해 볼까?, 어떻게 하면 고객이 더 좋아할까? 고민하고 해결책을 찾으려 노력한다.

1인 창조기업가는 통섭의 기업 경영 방식을 넘어 새로운 방식으로 경영해야 한다. 그러기 위해서는 고정관념으로부터 탈피해 남다른 관점으로 봐야 한다.

요즘 '기획자'들이 넘쳐납니다. 기획자와 창업자 간의 일을 품앗이하는 모임이 있습니다. 한 달에 한 번씩 모이는 곳에서는 기획자들뿐입니다. 이벤트 기획자, 공연기획자, 문화기획자, 웹 기획자, 마케팅 기획자, 웹 프로그램 기획자, 여행기획자…… 등 분야도 다양합니다. 그들을 만나면서 아쉬운 점이 있습니다. 기획과 경영을 분리한다는 것입니다. 나의 명함에는 '경영하는 기획자'라고 되어 있습니다. 소개하는 자리에서는 경영하는 기획자라고 소개합니다. 경영과 기획이 같이 우선시 되어야 한다고 생각해서입니다. 그런 생각으로 수십 개의 일을 만들고, 사람을 설득하고, 심박한 아이디어를 구상합니다.

성공한 1인 기업은 일을 보는 시각이 다릅니다. 유기적인 연결을 읽어내고 본질을 정확하게 파악해야 합니다. 새로운 관점으로 기업을 운영하기 위해서 기업가는 시선이 달라야 합니다. 남다른 시선은 시대의 흐름을 읽어낼 수 있습니다. 내가 기획과 경영을 같이 생각하는 이유는 새로운 관점에서 일을 바라보기 위해서입니다. 기획과 경영을 같이 생각하면 관점을 바라보는 시각이 달라집니다. 1인 기업가가 경영과 기획의 자질을 갖추게 되면 기업은 성장을 넘어 성공에 이른다는 사실은 자명한 일입니다.

오래가는 힘
에너자이저

몇 년 전 부산국제영화제에 참석한 유명 배우를 사석에서 만났다. 그의 팬임을 자처하던 나에게 에너자이저 같은 분이라 말했다. 배우란 직업이 화려해 보여도 힘든 직업이다. 때론 그만두고 싶지만 배우란 직업을 계속할 수 있는 것은 나 같은 에너자이저 덕분이라 했다. 그는 "끊임없는 성원과 지지해 주는 에너자이저 분들이 있어 배우란 일을 오래 할 수 있는 것 같습니다."라고 말했다.

얼마 전에 만난 아이돌 가수도 비슷한 얘기를 했다. "저희를 지지해 주는 팬들의 환호 소리는 무대의 어떤 특수 효과보다 더 저희 팀을 빛나게 만들어 주는 강력한 특수 효과입니다. 그 효과는 무대 위에서 저희의 열정을 한껏 끌어올릴 수 있게 만드는 강력한 에너지원입니다." 이처럼 자신을 믿고 열렬히 지지하는 사람이 있다는 건 행운이다. 지지하는 팬들의 환호는 배우나 가수에게 강한 활력과 에너지가 되기 때문이다. 팬도 마찬가지다. 무대에서 그들의 노래나 스크린에서 연기를 펼치는 모습에서 삶의 활력을 얻는다. 서로에게 활력을 주고받는 소중한 에너자이저들이다.

에너자이저란, 자신이 가지고 있는 에너지를 열정적인 삶을 사는 데 사용하는 사람이다. 그들은 항상 긍정에너지를 충만하게 채우기 위해 노력한다. 긍정에너지가 충만하면 하는 일에 좋은 성과를 이루어 낸다. 에너자이저들은 에너자이저들과 어울린다. 사람들을 끌어당기는 힘 때문이다. 스스로 에너지를 채울 수 없다면 관계를 통해 에너지를 주고받기도 한다.

"포기하지 않고 기업을 운영할 수 있었던 힘은 무엇인가요?" 이 말은 강연을 하러 간 자리마다 예비 창업자들에게 듣는 질문이다. 1인 기업으로 10년 가까이 버틴 것이 대단한 모양이다. 수시로 생기고 사라지는 게 1인 창업의 현실이니 그렇게 생각할 만하다. 생존하지 못하고 사라지는 1인 기업들을 기수부지로 봐왔다. 이런 환경에서도 끊임없이 기업을 운영할 수 있었던 힘은 무엇일까? 에너자이저 때문이다. 나를 믿어주고 지지해 주는 에너자이저들이 많아서다. 에너지를 받아 열망을 가질 수 있었기 때문이다.

1인 기업에 있어 코칭, 컨설팅보다 중요한 것이 있다. 열망을 한껏 끌어올리는 일이다. 포부가 없으면 코칭도 컨설팅도 의미가 없다. 얼마나 열망하느냐에 따라 생존과 소멸이 판가름난다. 창업으로 생존하기 위해서는 열망해야 한다.

190

경영 컨설턴트이자 민간 창업 육성센터 크로스 비즈 1인 창조기업지원센터의 김명호 센터장은 내게 무한한 지지와 성원을 아끼지 않는 분이다. 도움을 얻고자 만나면 진심으로 도와준다. 충고도 아끼지 않는다. 그는 "지금도 잘하고 있으니 욕심부리지 말고 지금처럼만 하면 돼, 난 자기가 하는 일은 무조건 지지해. 그리고 도움이 필요하면 언제든지 써먹어. 나 같은 사람 자주 써먹어야 해."라고 말했다. 과분할 정도로 성원을 아끼지 않는다. 그분과 얘기하면 열망이 견고해져 힘이 난다. 사업을 어떻게 발전시켜 운영할지 구체적인 계획도 세워지곤 한다. 그뿐만 아니다. 창업 관련 글을 쓴다는 사실을 알고 오랫동안 모아두었던 1인 기업 관련 자료들을 건네주기도 했다. 귀중한 자료다. 글 쓰는 내내 도움뿐 아니라 더 잘 써야겠다는 생각도 들었다. 기업가의 열망을 한껏 끌어올려 목표 이상의 결과를 만들게 하니 그는 진정한 에너자이저다.

개그맨 이광채 씨는 내가 만난 또 다른 에너자이저다. 그는 긍정적이다. 활동이 없어 어려움도 겪었다. 행사 MC며 강의로 모은 돈을 사기당해 마음고생도 했다. 일도 풀릴 듯 풀리지 않았다. 마음고생 몸 고생 심하게 한 사람이다. 나의 고생은 비견할 정도가 아니다.

그런데 그는 고생을 고생으로 생각지 않는다. '잘 되겠지.'라며 긍정적으로 생각한다. 심지어 초창기 그의 유튜브 채널명은 '긍정왕'이었다. 지금은 채널명이 '개미핥기TV'로 바뀌긴 했다. 올려진 영상은 자신이 얼마나 긍정적인가를 보여주는 영상들이 가득하다. 내가 만난 사람 중에 긍정의 끝판왕이다. 전화하거나 만나고 나면 부정적인 생각도 바뀐다. 안 될 일도 잘된다. 새로운 생각도 하게 한다. 나에게 있어 소중한 긍정의 에너자이저다.

"대표님 덕분에 힘을 얻곤 합니다." 강연하거나 컨설팅 자리에 참석한 이들이 하는 말이다. 누군가에게 힘을 주니 나도 에너자이저다. 에너자이저 들은 가치관뿐만 아니라 모든 일에 긍정적이다. 보는 시각도 다르다. 넓고 크게 본다. 확장된 시야로 장점을 먼저 본다. 활력을 나눠주기 위해 끊임없이 노력한다. 타인에게 힘을 주는 일에 주저함도 없다. 좋은 기운으로 생산적인 생각을 전이시킨다. 같이 있으면 전염돼 에너지가 증폭된다. 에너자이저가 될 수 있었던 이유다.

1인 기업가는 무한 경쟁 시대에 살고 있다. 생존했다고 해서 안심할 수 없다. 성장 없는 생존은 무한 경쟁 시대에 도태되기 쉽다. 성장하기 위해서 에너지가 충만해야 한다. 건설적인 의욕이 있어야 성과를 끌어낼 수 있다. 에너자이저 주변에는 긍정적 에너지와 열정이 가득하다. 그들을 만나 의지와 열망이 샘솟아야 한다. 어떤 일을 성공적으로 이루고 싶다면 에너자이저와 관계를 새롭게 형성해야 한다. 그러다 보면 자신도 에너자이저가 된다.

　수년간 사용했던 명함을 최근 새롭게 바꿨습니다. 바뀐 명함에 동료 대표들은 눈치를 못 챕니다. CEO를 CEO로 바꿨기 때문입니다. 무슨 차이가 있을까 싶겠지만 단어에서 차이가 있습니다. Chief Executive Officer(최고경영자)와 Chief 'Energizer' Officer(최고 에너자이저 경영자)는 다릅니다.

　1인 기업가는 심장이 뜨거워야 합니다. 열정이 가득한 심장은 뜨겁기 마련입니다. 열정은 에너지가 충만할 때 생깁니다. 에너지가 없으면 두려워 움츠러듭니다. 기죽으면 변화를 만들어 낼 수 없습니다. 에너지가 있어야 하는 이유입니다.

　경영자는 비관적인 생각을 가져서는 안 됩니다. 절망적 생각은 필요 이상의 에너지를 소비하게 만듭니다. 에너지가 소멸하면 의욕이 생기지 않습니다. 1인 기업가들이 에너지가 소멸한 상태일 때 포기하는 것을 봐왔습니다. 방전된 에너지를 충전하기란 어렵습니다. 자가 발전은 최소한의 에너지가 있어야 가능합니다.

　만약 에너지가 소진되었다면 주위에 에너자이저를 찾아야 합니다. 자신에게 생기와 활력을 주는 에너자이저를 찾아 그들과 관계하면서 에너지를 얻어야 합니다. 에너자이저가 주는 에너지는 전염성이 강해 자신도 에너자이저로 만듭니다. 그들과 만나면서 새로운 가능성에 도전하시길 바랍니다.

기억되어야
오래간다

첫 만남에도 편안하고 어색하지 않은 사람이 있다. 처음 참석한 모임에서도 가깝게 지낸다. 어색함이라곤 찾아볼 수도 없다. 먹는데도, 이야기하는데도 거부감 없다. 주위 사람들은 오래된 멤버로 착각까지 한다. 그런 사람들은 한 번뿐인 만남에도 기억에 오래 남아서 그렇다.

반면 1년 이상을 거래로 방문한 업체도 입구에서 항상 경비원의 제지를 받는 사람도 있다. 자주 가는 모임임에도 "처음 뵙겠습니다."라고 인사를 받는다. 동창회에선 내 이름도, 얼굴도 기억하지 못하는 사람들이 허다하다. 여러 번 전화 통화에도 "누구신지?"라는 상대의 전화 음성이 들린다. 기억되지 못해서 그렇다. 당신은 어디에 속하는 사람인가? 기억에 오래 남는 사람인가? 아니면 기억되지 못하는 사람인가?

우아한형제들의 김봉진 대표나 딴지일보의 김어준 총수는 우연한 계기로 한 번 만났을 뿐인데 기억에 오래 남는 기업가들이다. 그들을 전혀 모르는 사람들도 한 번 만나면 잊을 수 없는 인상이다. 이유는 개성 때문이다. 오히려 기억 못 하는 게 이상하다. 자신만의 독특한 이미지가 만들어지면 강하게 기억된다.

내 첫 창업의 경험을 떠올려 봐도 그렇다. 머리는 길게 길러 질끈 묶은 꽁지머리였다. 빨간 뿔테 안경, 귀걸이에다 자유로운 차림새였다. 누구나 한번 보면 기억될 만큼 개성이 짙었다. 인상 깊은 이미지 때문에 많은 일을 했고, 돈도 벌 만큼 벌었다. 회상해 보면 기획의 남다름보다는 외향적 개성이 남달랐기 때문이다. 방송하게 된 것도 독특한 이미지가 한몫했다.

명함도 그렇다. 기업을 운영하다 보면 많은 사람에게 받고, 건넨다. 알리기에도, 관계 형성에도 도움이 되기 때문이다. 그래서 외모만큼이나 신경 쓰이는 게 명함이다. 금으로 만든 명함을 받고 놀란 적이 있었다. 순금 99.9%의 명함은 아무에게나 주는 것이 아니다. 받는 순간 건넨 사람의 얼굴이 기억될 수밖에 없다. 건넸던 사람도 자신을 기억해주었으면 하는 마음이었을 거다.

김봉진 대표의 명함은 외모만큼이나 기억에 남는다. 명함 뒤에는 기업명이 큼지막하게 적혀있다. 앞면에는 이름이 커다랗게 적혀있다. 크기로 따지자면 스쳐만 봐도 대표의 명함이라는 것을 알 정도다. 눈길이 가는 것은 직책이다. 'CEO 경영하는 디자이너' 대표를 감각 있게 표현한 문구다. 받은 명함은 쉽게 잊혀지지 않는다. 만날 것 같지도 않고, 이유도 없는데 찢어버리지 못한다. 그런 명함이 많다는 건 기억에 오래 남는 사람들이 많다는 거다. 나의 명함은 어떤 대접을 받고 있는지 궁금해진다.

노래도 마찬가지다. 사람들 기억 속에 오랜 기간 사랑받는 곡은 명곡 대접을 받는다. 가수도 명곡 하나 정도 있으면 팬들에게 잊혀질 일 없다. 가요계를 떠나도 섭외가 끊이지 않는다. 방송일 할 때 히트곡 하나 없는 가수가 방송국에 매일 나간다는 소리를 들었다. 주위에선 '애쓴다, 애써.'라는 곱지 않은 시선이 있었다. 주위의 시선에 아랑곳하지 않고 예능국을 돌아다녔다. 만나는 피디들과 작가들에게 가수임을 알렸다. 그의 말에 의하면 피디들이나 작가들은 자기를 모른다고 했다. 불편한 시선뿐이라고도 했다. 그도 그럴 것이 나이는 들었고, 알려진 곡 하나 없으니 그런 눈초리도 있기 마련이다. 피디로선 출연시킬 프로그램도 마땅치 않다. 해줄 것이 없으니 불편한 것도 사실이다. 가요제 출신인 자신을 모른다고 하니 답답할 노릇이다. 그렇게라도 하지 않으면 가요계에서 잊힌 가수가 된다. 팬들 기억 속에서 사라지는 것을 연예인은 무서워한다. "기억되는 사람만이 섭외가 들어온다. 그러니 방송국 사람들에게 어떡하든 기억되게 해라!" 이런 정설은 우스운 얘기지만 괜히 생긴 건 아니다.

무한 경쟁 사회에서 생존하기 위해서는 기억되어야 한다. 기억되는 사람은 살아남고, 그러지 못하는 사람은 사라질 수밖에 없다. 물건을 판매하든, 조그마한 가게를 경영하든, 프리랜서든 각인되어야 한다. 성공하는 데 꼭 필요하다. 중요한 것은 어떤 사람으로 기억되는 가다. 기업가로 사는 동안 다른 사람에게 영향을 미칠 수 있기 때문이다. 관련 글을 하나 소개한다.

어떤 사람으로 기억되고 싶은가?

나는 어떤 사람으로
기억되고 싶은가에 대해 생각하다 보니
결국 어떻게 살고 싶은가와 직결되는 것 같다.
과거에는 정의롭고, 열정적이고, 모든 일에 최선을
다하며 사는 사람이 좋았고 나도 그리 산다고 부단히
애썼던 것 같다. 그러나 지금의 나는 다르다.
내가 아는 사람 중 마음이 아픈 사람들은
나를 떠올리며 찾아가고 싶은
사람으로 기억했으면
좋겠다.

이상윤의 산문집 《외롭다, 참 좋은 일이다》 중에서 발췌한 글이다.

기업가는 영원을 담보로 일할 수 없다. 기업가로 사는 동안 영원할
만큼 기억되는 것이 좋다. 부정적으로 기억되는 것은 바람직하지 않다.
긍정적이거나 올바른 이미지로 기억되어야 새로운 가능성이 열린다.
존경스러운 기업가는 그랬다. 청렴한 기업가로, 올바른 기업가로, 능력

있는 기업가로 긍정적으로 뇌리에 각인되어 있다. 죽어도 누군가에 의해 기억되는 한 아직 살아 있다고 믿고 있는 아프리카 스와힐리 부족이 있다. 누군가의 기억 속에 살아 있을 만큼 자리 잡기 위해서는 어떻게 기억되느냐가 주요한 것이다. 기업가는 걸어간 만큼 기억되기 때문이다. 그것이 세상의 이치다.

〈Tip & Talk〉

어느 벤처기업가의 몰락 소식을 듣게 되었습니다. 탄탄대로를 걷던 기업가였고, 청년 창업가들 상대로 강연도 할 만큼 성공한 기업가였습니다. 아쉬울 것 하나 없는 기업가의 몰락 이유는 올바르지 않은 행태 때문이었습니다. 재기하려고 노력하는 모습은 참담했습니다. 사람들 머릿속에 올바르지 않은 기업가로 각인되었고 반응은 냉대했기 때문입니다.

나는 피터 드러커의 책을 거의 빠짐없이 읽었습니다. 그리고 책 속의 가르침을 실천합니다. 피터 드러커는 자신이 어떠한 사람으로 기억되기를 바라는지 질문을 하라고 조언합니다. 그리고 늙어가면서 그 대답을 바꾸어야만 한다고 얘기했습니다. 질문에 답을 해야 합니다. 강연하는 자리에서 즐겨 하는 질문이 있습니다. "당신은 어떤 기업가로 오래 남았으면 합니까?" 답을 하지 못하는 기업가들이 있습니다. 기업이 생존하기 위해서 기업가의 이미지가 어떻게 기억될 것인지 고민해야 합니다. 그리고 답을 얻어야 합니다. "당신은 어떤 기업가로 남았으면 합니까?"

1인 기업으로
다시 창업했습니다

특별하고
남다르게 보여요

평범한 외모의 두 남성이 있다. 갈기처럼 길게 기른 머리 스타일과 평범한 짧은 머리 스타일의 중 누가 더 오래 기억될까? 확률적으로 볼 때 긴 장발 스타일의 남자다. 일반적인 남자들은 머리카락을 길게 기르지 않는다. 외모가 같은 조건에서는 이미지가 독특하면 눈이 가기 마련이다. 개성과 이미지가 남다르거나 특별하면 기억에 오래 남을 수밖에 없다. 시선이 꽂히면 마음과 손이 움직인다. 호감은 특별하고 남다른 이미지에 끌리기 때문이다.

인터넷이 없던 시절 방송국에선 신청 사연을 엽서로 받았다. 수천 통의 엽서 중에 소개되는 것은 소수다. 한정된 시간에 사연을 소개해야 하니 당연하다. 몇 년을 신청해도 사연이 소개되지 않은 경우가 있지만 자주 소개되는 애청자들도 있다. 매번 소개되는 애청자들의 신청 엽서는 다르다. 예쁘게 꾸몄거나, 사연은 재미가 있거나 감동적이다. 작가나 진행자가 사연을 골라야 했으니 그런 사연과 엽서에 손이 먼저 갈 수밖에 없다.

대학 시절 학비를 벌기 위해 음악다방에서 디제이로 일했다. 음악 부스 안에 들어가면 소개하지 못한 신청 메모지는 턴테이블 주위에 펼쳐 둔다. 디제이가 가장 먼저 손이 가는 메모지가 있다. 펜으로 알록달록 예쁘게 색을 칠했거나, 사연을 빼곡히 적은 메모지다. 성의 없이 곡만 적어도 신청되는 메모지가 있다. 오렌지 주스 한 잔을 부스에 넣어주면 소개 안 하고는 못 배긴다. 30년이 된 빛바랜 음악다방 신청 메모지를 아직 소중하게 간직하고 있다. 정성 들여 신청한 메모지라 버릴 수가 없다. 선택받기 위해서는 눈에 확 띄어야 한다. 특별하거나 재미있는 사연도 필요하다. 정성과 애를 써야 방송 탈 확률이 높다.

몇 년 전 유튜브에서 30년이 지난 곡이 10대들 사이에 회자가 되었다. 지천명(50세)을 넘긴 시쳇말로 한물간 가수다. 잊힌 가수에 입덕되는 10대가 있다는 것에 놀랐다. 가수 양준일이다. 방송을 통해 그의 노래를 들은 사람들은 열광했다. 리듬과 패션 감각, 퍼포먼스까지 21세기 가수다. 그는 "시대를 앞서가도 너무 앞서갔다."라는 말을 듣곤 했다.

데뷔 시절을 기억하는 나는 '당시 외면받았던 가수가 왜 21세기에 뜨고 있을까?' 그게 궁금했다. 내가 얻은 답은 특별한 이미지다. 데뷔 사진을 본 10대들은 빅뱅의 GD를 떠올린다. 도플갱어 수준이다. 싱크로율 높을 만큼 닮았다는 건 남다르게 생겼다는 증거다.

가수의 본질은 음악이다. 이 말은 20세기나 통했던 철학이다. 지금은 노래만으로 성공할 수 없는 시대다. 세상에 노래 잘하는 사람은 넘쳐난다. 오디션 현장 입구에 늘비하게 서 있는 사람만 봐도 안다. 대중 가수로 굳건히 자리 잡기 위해서는 다른 무엇이 필요하다. 화려한 춤, 예능 감각도 충분한 자격 조건이다. 다만 그것보다 우선되어야 할 조건이 있다. 자기만의 독특한 색채나 이미지다. 특별하거나 남다른 이미지는 대중을 열광케 한다. 강력한 팬심도 갖게 한다. 잊힌 가수를 소환시킬 만큼 강력한 무기다.

이랑주 대표는 대한민국 최초로 비주얼 머천다이징(VMD) 박사 학위를 받은 비주얼 전략가다. 오랫동안 백화점에서 근무했고, 수십 년 동안 수많은 가게와 기업들을 컨설팅도 했다. 그녀 역시 이미지의 중요성을 강조한다.

자신의 저서《오래가는 것들의 비밀》의 서문에서, "오래간다는 것은 자신만의 본질을 갖고, 지속해서 시대와 호흡한다는 것이다. 그런데 그것만으로는 부족하다. 가장 중요한 것은 이런 노력이 반드시 '눈에 보여야' 한다는 것이다. 보이지 않는 것을 사람들에게 가닿게 하기란 쉽지 않다. 결국 오래 사랑받는 것들은 '자기만의 가치를 보여주는 데 능한 것'이라고 더 정확하게 정의되어야 한다."라고 밝혔다.

단순히 좋다고, 잘한다고, 맛있다고 사람의 시선을 잡아둘 수는 없다. '가치를 보여주는 데 능한 것'은 우수성만을 뜻하지 않는다. 월등함은 기본이다. 여기에 상호작용할 수 있는 이미지가 있어야 한다는 얘기다. 시선을 잡아, 둘 매력적인 이미지는 선택을 불러일으킬 만하기 때문이다. 사람이든 물건이든 장소든 이미지가 중요하다.

나는 나만의 가치를 이미지로 보여주는 데 능숙하다. 얼마 전 받은 전화에서 이런 말을 들었다. "아이온 협동조합 이사장입니다. 제가 새로운 일을 시작했는데 정민 이사장님 생각이 나더라고요, 하는 일도 그렇고 다른 이사장님들과는 확연하게 다르잖아요." 이 말은 눈에 띈다는 말이다. 처음 대면하는 사람들은 "예술가입니까?", "문화 관련 일하시나요?" 호감 가진 질문을 한다. 아내의 직장동료들은 남편이 예술과 관련 있는 사람 같다고 얘기한다. 심지어 친분이 있는 사람은 "예술가답다."라고 말할 정도다. 패션과 스타일이 자유롭고, 과감하기 때문이다. 고루한 관념으론 오래 일을 할 수 없다는 생각에서 만든 이미지다. 자유분방함 속에 만든 이미지로 오래 기억되고, 다양한 일을 폭넓게 하게 된 것은 부정할 수 없는 사실이다.

문화와 관련된 일이 나의 주업이다. 예술에 관련된 것이라면 건축까지 아우른다. 활동 폭이 넓으므로 전문적인 역량은 필수다. 이미지도 한몫한다. 10년 동안 기업을 유지할 수 있었던 것은 이미지 영향이 주요했기 때문이다. 전문적 식견이 있어도 선택을 불러일으키지 못하면 기업은 망하는 길로 가는 첩경일 뿐이다. 지식만이 전문가를 만든다고? 난 동의하지 않는다. 해당 영역에 대한 지식이 중요할 수는 있다. 문제는 많은 경쟁을 뚫고 결국 선택받아야 한다. 그래서 이미지가 중요하다. 여러 선택지 중 하나를 골라야 하는 상황이 되면, 선택지 간의 비교우위보다는 이미지의 차별성이 작용하기 때문이다. 그동안 300건이 넘는 굵직한 기획물을 만들었고, 영업이익률도 높았다. 남다르게 보이는 특별한 이미지와 소득 차이에 상관관계가 있다고 나는 믿는다.

벤자민 프랭클린은 "먹는 것은 자기가 좋아하는 것을 먹되, 입는 것은 남을 위해서 입어야 한다."라는 말을 했다. 이미지의 중요성을 일깨워 준 말이다. 1인 기업은 기업가의 이미지가 기업 이미지다. 상투적 이미지로는 1인 기업을 오래 유지할 수 없다. 성공을 위해서는 일과 부합한 이미지를 갖추고 능란하게 보여야 한다.

〈Tip & Talk〉

스티브 잡스는 자기만의 가치를 보여주는 데 능한 기업가입니다. 제품 발표나 연설을 봐도 그렇습니다. 검정 터틀넥에 청바지, 운동화를 신은 모습으로 대중 앞에 섭니다. 아무나 할 수 없는 잡스만의 스타일입니다. 패션도, 제품도 대중 연설도 잡스답습니다. 잡스다운 이미지는 애플이 지향하는 혁신입니다. 자신의 이미지를 '혁신'이라는 의미와 함께 시각적으로 잘 보여준 진정한 기업가입니다.

해운대 해변 라디오를 운영할 때 담당 주무관은 "남다르네요. 정민의 해변 라디오다워요."라고 말했습니다. 기획자로서 들을 수 있는 극찬입니다. 결과물 앞에 이름이 붙여진다는 것은 자신만의 스타일로 만들어졌다는 의미입니다. "당신답네요.", "사랑을 만드는 사람들만 할 수 있는 스타일이네요." 찬사를 받는 결과물은 평가도 좋았습니다. 일의 연속성도 오래 유지했습니다. 기업을 잘 드러내고 기업가의 이미지를 잘 보이게 만드는 것은 기업이 할 수 있는 최고의 마케팅 수단입니다.

귀인을 만나라

나는 사교적인 사람이다. 모임도 다양하다. SNS에 만든 모임만 10개가 넘는다. 오프라인 모임도 자주 만들어 사람을 만난다. 직업군도 다양하다. 하는 일이 다양해서 많은 사람을 만나도 질리지 않는다.

고등학교 진로 강사로 활동하는 나는 강사 중에 인싸로 통한다. 아이돌 연예인을 다수 알기 때문이다. 그런 내게 만나는 사람의 중요성을 알려준 분은 더앤케이 설도윤 대표다. 그분에게 비하면 나는 아웃사이더다.

예전에 후원 행사를 하면서 그분에게 크게 도움을 받은 적이 있다. 후원 행사에 후원금이나 물품을 모은다는 것은 만만치 않다. 성공적인 행사가 되기 위해서는 대중적으로 알려진 사람들의 참여가 중요한데, 이것은 무척이나 어려운 일이다.

특히 애장품 경매가 그렇다. 유명한 사람의 애장품이 잘 팔리기 때문이다. 그런데 그분 덕분에 모금과 물품이 별문제 없이 모여졌다. 연예인, 교수, 정치인, 운동선수, 모델, 유명인의 애장품들이 즐비했다. 나를 보고 보내온 애장품은 10개에 불과했다. 정말 비교도 안 되는 미친 인맥이다. 그는 나에게 이런 말을 했다. "인간관계는 저축과 같다. 귀인을 저축하면 복리로 이자가 붙는다. 특히 도움이라는 이자를 찾아 유용하게 사용도 할 수도 있다. 만기가 따로 없지만 난 성공을 만기로 본다. 만기가 되어도 해지할 필요도 없다. 그러니 사람을 많이 만나야 한다. 그 속에 귀인은 반드시 있다." 내가 이나마 다양하게 인간관계를 맺고 귀인들의 도움을 받을 수 있는 것은 그분 덕이다.

성공은 스스로 만든다고 생각하지만 틀린 생각이다. 타고난 기업가도 누군가의 도움 없이는 성과를 낼 수 없다. 성공은 자신의 노력뿐만 아니라 타인의 도움이 꼭 필요하기 때문이다. 귀인들은 성공의 기회를 주는 귀한 존재다. 자수성가한 기업인도 귀인 덕분이라고 말한다. 홍콩 청쿵그룹의 리카싱 회장은 "인생의 가장 큰 기회란 바로 귀인을 만나는 것이다."라는 말을 했다.

또한 그는 귀인을 이렇게 정의했다. "긴 여행을 떠날 때 짐을 꾸려줄 사람, 비바람을 만났을 때 우산이 돼줄 사람, 성공의 고지가 코앞에 놓여 있을 때 마지막으로 뒤에서 밀어줄 사람이 귀인이다." 홍콩의 거부인 자신도 귀인을 통해 성공했다는 것이다. 귀인이 주는 도움과 기회는 지렛대와 같아 성공에 가까워질 수 있다. 귀인의 도움이 있으면 불가능한 일도 가능한 일로 만들어진다. 주변을 둘러보면 귀인이 되어줄 사람이 많다. 그렇다면 귀인들은 어떤 사람일까? 어떻게 해야 만날 수 있을까?

귀인들은 사람의 진가를 알아본다. 엘튼 존은 반세기 넘도록 팝 음악사에 자리를 굳건히 지키고 있는 팝 아티스트다. 엘튼 존은 신인 작사가를 모집한다는 광고를 냈다. 광고를 접한 버니 토핀은 직접 작사한 시들을 엘튼 존에게 우편으로 부쳤다. 신인 작사가의 글을 본 엘튼 존은 버니 토핀의 작사 능력을 바로 알아봤다. 1967년부터 50년 넘게 수많은 히트곡이 만들어졌다. 버니 토핀 가사 덕분이다. 가사에 감각적인 리듬을 만드는 엘튼 존의 천재성을 버니 토핀도 알아봤다.

버니 토핀은 "너 자신을 잊지 마. 그냥 너 자신을 보여줘."라고 말했다. 마약중독과 자살 시도로 자신을 인생 끝자락으로 내몰았을 때 이대로 두었다간 천재 음악가를 잃겠다 싶어 건넨 말이다. 엘튼 존이 대중음악계에 자리를 잡을 수 있었던 것은 버니 토핀의 역할이 컸다.

록 보컬리스트인 박완규도 그랬다. 음악 특성상 목을 무리하게 사용했다. 과한 발성 탓에 목이 손상되었다. 아픈 목을 방치했다가 발성이 더 되지 않자 가수를 그만둬야겠다고 결심했다. 그 무렵 예능 프로그램 출연으로 인기를 얻던 부활의 리더 김태원은 박완규에게 방송을 같이 하자고 제안했다.

발성이 되지 않아 노래를 부를 수 없다는 말에 믿고 따라오라고 설득했다. 그 덕에 부활 5대 보컬리스트가 될 수 있었다. "형님, 다른 잘나가는 가수도 많았을 텐데, 왜 저를 택했습니까?"라는 박완규의 물음에 김태원은 "아름다워지고 싶어서. 이미 잘된 사람하고 해봐야 돈밖에 더 벌겠니? 밑바닥에 쓰러져 있는 동생을 일으켜 세운다면 하늘에 있는 재기(교통사고로 사망한 부활의 전 보컬리스트다.)도 기뻐하지 않겠니? 그리고 2007년 내가 힘들어할 때 나에게 모든 걸 맡겨준 사람이 너밖에 없었어."라고 말했다. 자신의 재능을 알아보고 발휘할 수 있도록 기회를 주는 사람이 있다는 건 행운이다.

자신의 가치를 알아주는 귀인을 만나야 발전하고 성공한다. 귀인을 만나기 위해서는 마음가짐을 유연하게 가져야 한다. 너무 굳건하거나 경직된 마음으로는 만날 수 없다. 자신을 무너뜨리고 기존 생각을 허물겠다는 의식적 준비가 되어 있어야 한다. 실력도 준비다.

성공하기 위해서는 귀인을 만나는 것도 중요하지만 먼저 귀인이 될 만한 자질과 실력을 갖춰야 한다. 귀인들은 귀인들과 어울리기 때문이다. 서로 간의 에너지를 주고받으며 더욱 자신을 발전시킨다. 버니 토핀에게 글을 쓰는 실력이 없었다면 과연 엘튼 존의 눈에 띄었을까? 작사가 구하는 일이 급했다 하더라도 글이 심금을 울리지 않았다면 어림도 없는 일이다. 엘튼 존 역시 마찬가지다. 버니 토핀의 충고를 못마땅하게 생각했다면 소용없는 일이다. 귀인은 실력과 자질 없는 사람에게는 기회를 주지 않는다. 시련을 뚫고서라도 긍정적인 생각으로 바꾸려고 노력할 때 손을 내민다.

나에게도 귀인들이 많다. 이 글을 쓰는 순간에도 주위의 귀인들이 생각난다. 10년 동안 기업을 성공적으로 운영할 수 있는 것도 귀인들 덕분이다. 평탄하지 않는 삶을 살 때도 그들의 도움을 받았다. 김진목 도미니코 사비오 신부께서는 사업 실패로 신용불량자, 노숙자가 되어 힘들어할 때 용기를 주신 분이다. 그분이 아니었으면 노숙자 생활을 청산하지 못했을 거다.

마음이 힘들 때 언제든지 찾아오라는 일운(一雲) 스님은 지금까지 날 믿고 아끼시는 분이다. 다시 창업해서 일이 없을 때 제주투어의 김재익 대표는 여러 일을 맡겨준 고마운 분이다. 강연하라고 조언을 한 비전택시 대학의 정태성 총장은 나에게 강연과 강연 기획을 할 수 있는 기회를 만들어 준 분이다.

강연을 가르쳐 준 스승이자 멘토 같은 동생 오종호 대표도 고마운 사람이다. 그를 통해 힘든 인생 스토리를 강연으로 풀어낼 수 있었다. 진로 강의나 창업 강연을 할 수 있었던 것은 그 친구 덕분이다. 개그맨이자 기업가인 허동환 대표와 윤형빈 대표는 아무 조건 없이 나를 도와주고 지지해 주는 고마운 귀인이다.

해운대 해변 라디오를 운영할 때 모든 일을 책임져 준 모두의 요트 유현웅 대표와 작곡가 한수성 선생님(동요 〈아빠 힘내세요〉의 작곡가다.)도 빼놓을 수 없는 분들이다. 두 분이 계시지 않았다면 운영조차 하지 못했다. 일일이 거론할 수 없지만 많은 귀인이 나를 도와주었다는 사실에 새삼 고마움을 느낀다. 앞으로도 기업을 운영하면서 더 많은 귀인의 조언이나 도움을 받으면서 성장할 것이다. 그들을 만나면서 나 역시 성공을 갈망하는 사람들에게 도움을 줄 수 있는 귀인이 될 것이다. 인간은 관계를 맺고 살아가는 존재다. 그 속에서 성장과 성공이 이루어지기 때문이다.

지금 당신 곁에 귀인이 있는가? 없다면 귀인을 만나야 한다. 그러나 귀인과의 만남은 어느 날 갑자기 이뤄지지 않는다. 귀인을 만날 기회는 얼마든지 있다고 생각하는 사람이 있다. 만나고 싶어도 만날 수 없

다. 자질과 실력이 갖추어졌을 때 귀인을 만날 수 있고, 귀인이 될 수
도 있다.

⟨**Tip & Talk**⟩ ─────────────────────────

누구에게나 변곡점이 있습니다. 변곡점을 지날 때 변화는 시작된다
고 합니다. 나에게는 실패가 변곡점입니다. 실패를 통해 멀어지거나, 가
까워지는 관계의 모습들이 달라집니다. 《주역》에서도 변하는 시기에는
'새 사람의 손님'이 온다고 했습니다. 이때가 바로 귀인이 나타나는 순
간입니다.

실패한 기업가에게 귀인을 만나는 것은 천운입니다. 두 번 다시 실수
를 범하지 않기 위해 소중하게 사람을 만났습니다. 그 과정에서 폐부를
찌르는 상처가 되는 말을 들었던 만남도 있었습니다. 아프고 불편한 만
남도 견뎌야 합니다. 실패와 성공에서 얻어지는 통찰은 그냥 배우는 것
이 아닙니다. 아무에게나 돈 버는 방법을 가르쳐 주지 않습니다. 준비가
되어 있는 사람에게만 비법을 가르쳐 줍니다. 내가 이만큼 사업을 성장
시킨 것은 귀인을 만나고 그들의 경험과 지식을 실천했기 때문입니다.

창업이란 극한 상황에서 손을 내미는 귀인이 나타난다면 그의 손을
붙잡아야 합니다. 그들은 세상에 온갖 풍파를 겪고 그것을 에너지로 전
환한 사람들입니다. 그들은 우리가 보지 못하는 통찰의 지혜와 혜안을
가진 사람입니다. 그리고 자신도 귀인이 되어야 합니다.

전조 현상을
읽어야 한다

　명리 상담을 하는 후배가 있다. 그는 출간을 앞둔 명리에 관한 원고
를 보내주었다. 강의한 녹취 음성도 같이 보내줬다. 명리와 주역을 공
부하라는 뜻이다. 나에게 공부를 강요하는 데는 이유가 있다.

　몇 년 전 심근경색으로 병원 신세를 졌기 때문이다. 쓰러지기 전부터
명리를 익히거나 잠시 해외여행을 다녀오라 권유했지만 바쁘다는 핑계
로 하지 못했다. 차일피일 미루고 있는 모습을 보며 그러다 큰일 난다
는 충고도 했다. 그러다 결국 병원 신세를 졌다. 명리에 관한 전문 서적
만 여러 권 구매한 채 지금도 실천하지 못하고 있다. 그런 나에게 아직
도 늦지 않았으니 익히라고 한다. 끈질긴 설득이다. 공부로 또 일어날
좋지 못한 조짐을 미리 대비하라는 얘기다. 공자는 일찍이 《주역》의 역
할을 "장차 일어날지 모를 우환을 예측해 경계하는 사고방식"이라고 말
했다.

　재앙이나 위기가 발생할 때 미리 경고하는 신호가 전조 현상이다. 온

천욕을 즐기는 사람들이 급격한 온도 상승으로 목숨을 잃거나 새들이 무리를 지어 이동하기도 한다. 영화 속 자연재해가 일어나기 전 조짐들의 표현이다.

우리 삶에서도 다양한 징조가 일어난다. 특히 건강에 문제가 있으면 좋지 않은 조짐이 발생한다. 내가 심근경색으로 쓰러지기 전 몇 번의 전조가 있었다. 눈앞이 갑자기 깜깜해지는 시력 장애가 있었고, 일어설 때 어지러움도 겪었다. 그러다 잠깐 혼절하기도 했다. 어느 날은 손발이 저리기도 했었다. 증상이 발병한 당일에는 기억이 나지 않는 증상이 있었다. 스마트폰을 어떻게 작동시키는지 도어락 비번조차도 생각나지 않아 몇 시간 동안 현관 앞에서 고생했다.

일할 때도 불길한 징조는 나타나기 마련이다. 사업상 좋지 못한 조짐은 실패로 이어져 회복 불능상태에 빠지기도 한다. 나는 첫 창업에서 나쁜 조짐을 알아차리지 못했다. 직장을 그만두고 시작한 사업이 안정세에 접어들 때 사업을 무리하게 확장했다.

소호 기업이 연구 기술 개발 법인이 되면서 한동안 고전을 면치 못했다. 그때 BI 센터에서 알고 지내던 류현제 대표(지금 부산 로봇 산업협회 사무국장이다.)가 서울에 유망한 기술 개발 업체와 인수 합병을 권유했다. "사람은 서울로 보내고 벤처는 테헤란로로 보내라."란 말이 있었다. 테헤란로는 벤처기업가라면 한번 밟고 싶은 곳이다. 특히 지역에서 활동하는 인터넷 기업이라면 테헤란로 입성은 꿈이다. 그가 소개해 준 기업과 인수 합병하게 되었다. 열 명이던 조직이 배로 늘었고, 인터넷 기업이 모여 있는 테헤란에 입성하게 되었지만 오래가지 못했다.

기업이 오래가지 못하는 데는 그만한 이유가 있다. 경제학자 짐 콜린스는 오래가지 못하고 몰락한 기업에 대해 다섯 단계로 나누어 징후를 설명한다.

1단계, 성공에서 비롯된 자만이 생기는 단계다. 성공한 기업은 성과에 집착하기 시작한다. 결과의 집착은 혁신을 가로막는다. '내가 맞다.'라는 생각에 앞으로 나가지 못한다. 코닥이 대표적인 예다. 필름 시장 90%를 차지하던 코닥은 디지털카메라를 이미 발명했음에도 필름에만 집착했다. 결국 디지털카메라로 눈을 돌린 소비자를 잡지 못한 코닥은 2012년 파산 신청을 하는 지경에 이르게 된다.

2단계, 사업 확장을 원칙 없이 한다. 자만에 취한 기업은 더 많은 시장을 점령하기 위해 사업 확장을 선택하게 된다. 창업기업이라면 도전 정신을 당연히 갖추어야 한다. 그러나 무리하게 시도해 보지 않았던 분야에 투자하거나, 지점 확장은 기업을 망하는 길로 인도할 뿐이다.

3단계, 위험과 위기의 가능성을 무시한다. 위기를 외면하는 단계에 접어들면 기업도 이미 위험 신호를 인지한 상태다. 그러나 실적 하락을 '일시적인 현상'이라고 생각할 뿐, 재도약의 가능성이 있다고 생각한다. 특히 경영자는 이러한 위험을 내부 요인보다 외부 요인 탓이라 여기면서 부정한다.

4단계, 구원을 찾아 헤매는 단계다. 몰락이 눈에 보일 정도로 심각해지면 기업은 과거의 명성을 되찾기 위해 고군분투한다. 새로운 CEO를 영입하거나, 조직 변화를 주기도 한다. 그뿐만 아니다. 제품에 변화를 주는 등 기업 소생에 모든 방법을 동원한다. 벼랑 끝에 몰린 기업은 침

착한 사고 대신 조급한 행동으로 몰락을 확대하고 만다.

5단계, 유명무실해지거나 생명이 끝나는 단계다. 의지를 잃은 마지막 단계다. 경영자는 한때의 영광을 누렸던 그저 그런 기업인이 되거나, 기업을 매각하는 방법의 하나를 선택하는 지경에 이른다. 둘 중 하나를 선택하더라고 기업이 몰락했다는 결과는 같다.

나 역시 그랬다. 지금 생각해 보면 준비 없이 사업을 확장하면서부터 실패의 징후가 보였다. 몇 가지 복기해 보면 이렇다.

오만함이 생긴다. 오만함은 자신감에서 나온다. 정보제공사업의 수익이 점점 떨어지기 시작했다. PC통신 환경이 인터넷으로 전환되었기 때문이다. '수익을 낼 수 있는 아이템은 언제든지 만들 수 있다.'라는 생각은 오판이었다. 결국 정보제공 사업을 접어야만 했다.

빚으로 무리하게 사업을 확장했다. 인터넷 시대가 도래되었지만 준비하지 못했다. PC통신 환경이 오래 갈 거로 생각해 대처하지 못했다. 돈이면 모든 것이 해결될 것으로 생각했다. 빚으로 자금을 마련했지만, 시장을 읽지 못했다. 그것이 부채로 남아 기업 운영에 부담이 되었다.

실패하는 기업들의 가장 중요한 원인은 경영자들의 안일한 생각이다. 몰락한 기업의 경영자 대부분은 성공에 취해 자만했거나, 잘못된 비전을 제시하거나, 시장을 제대로 읽지 못했다. 심지어 잘못되고 있다는 징후들조차도 감지하지 못했다. 전조를 읽어내지 못하면 궤도를 수정할 수 없다. 설상가상으로 사업에 더 집착하게 된다. 그럴수록 실패에 대한 대응이 늦어지고 결국은 몰락의 늪으로 빠져든다. 기업이 망하는 길이다. 실패를 부르는 전조 현상은 어느 기업에나 조금씩 있기 마련이다. 신호가 미약하므로 쉽게 감지가 안 되거나, 적당히 무시한다. 실패의 전조를 감지하기 위해서는 언제나 기업가는 촉과 감의 날을 세워야 한다.

⟨Tip & Talk⟩ —————————————————————

《주역》의 〈계사전(繫辭傳)〉에서 실패의 조짐에 대해 "위기의 조짐은 지위가 편안할 때, 멸망의 조짐은 일이 잘 보존되고 있을 때, 변란의 조짐은 잘 다스려지고 있을 때 싹튼다. 따라서 편안할 때 위태로움을 잊지 않고, 잘 보존될 때 몰락할 것을 잊지 않고, 잘 다스려질 때 어지러워질 것을 잊지 않으면 자기 몸을 편안하게 하는 것은 물론 나라도 보존할 수 있다."라고 말합니다. 전조를 무시하거나 대수롭지 않게 생각해선 안 됩니다.

실패에 대한 전조를 미리 감지하면 실패 요인을 성공 요인으로 바꿀 수 있습니다. 하지만 전조만 막았다고 안심할 수는 없습니다. 성공과 실패의 관계는 가변적이기에, 성공했다고 방심해서는 안 되고 실패했다고 좌절해서도 안 됩니다. 창업가는 기본적으로 좋은 눈과 귀를 가지고 있어야 합니다. 남들이 보지 못하는 것을 보고, 남들이 듣지 못하는 것을 듣는 혜안이 필요합니다. 그래야 성장과 함께 오래 기업을 경영할 수 있습니다.

214

관계의 크기와
부탁의 크기는 비례한다

창업하고 얼마 지나지 않은 일이다. 어떤 기획을 하면 좋을지 고민하고 있었다. 창업 초기라 일을 만들기 위해 만나는 사람들마다 "도와달라.", "누구 소개해 달라."고 부탁했다. 지자체 일자리 관련해서 담당자들과 만났는데 진척이 되지 않아 한 부탁이었다. 지자체 관련 일은 한번에 되지 않았다. 담당자들보다 계장이나 과장들과의 협의가 이루어지면 좀 더 나을 거라 생각했다. 그때 김석훈(현재 캘리포니아 샌디에이고에서 경영 컨설팅 그룹 KSH Company를 운영 중이다.)대표를 만났다. 선배가 지자체와 일하는 데 도움이 될 거라며 소개해 준 분이었다. 대기업에서 대관업무만 30년 한 분이다.

사람을 소개해 달라고 부탁하는 나에게 그는 "대표님과 저와 만남이 오늘 첫 만남입니다. 제가 사람을 소개해 드릴 수는 있습니다. 하지만 대표님이 어떤 분인지, 어떤 생각을 가졌는지 아직 잘 모릅니다."라고 말했다. 아무리 바빠도 바늘허리 꿰어 못 쓴다. 관계에도 순서가 있고,

부탁도 차례 따라 이뤄져야 한다. 첫 만남의 짧은 친밀감으로 어느 정도의 부탁을 들어줄 수 있는지 생각해 보면 그의 말이 이해된다. 지금은 서로의 부탁을 조건 없이 들어주는 사이가 되었다.

기업이 잘 되기 위해 도움은 반드시 필요하다. 핵심은 어떻게 도움을 청하는 가다. 도움의 중요성에 대해 스티브 잡스는 "꿈만 꾸는 사람과 꿈을 실현한 사람은 도움을 청하는 방법이 다르다."라는 말을 했다. 사업은 혼자 하는 게 아니다. 상호작용이다. 특히 창업한 기업가는 다양한 관계를 통해 부탁하고 받아야 한다. 그런 관계 속에서 기업은 성장한다.

그렇다면 어떻게 부탁해야 하는가?
부탁에도 시간과 노력이 필요하다. 캔자스 대학의 제프리 홀(Jeffrey Hall) 교수는 자신의 논문을 통해서 단순히 아는 사이에서 친한 사이가 되기까지 걸리는 시간을 조사했다. 3주에 걸쳐 120~160시간을 보낼 때 절친 관계로 발전해 갈 수 있다고 했다. 하지만 그보다 더 친밀한 관계가 되려면 6주 동안 200시간이 필요하다고 분석했다. 친교에 공들인 시간과 우정의 정도는 비례 관계다. 친구를 만드는 데도 많은 시간이 필요로 하듯 사업에 필요한 부탁을 들어주기까지의 친밀감은 더 많은 시간이 필요하다. 공들인 시간과 정도에 따라 부탁과 인간관계는 비례한다. 관계를 키우기 전에 부탁해서는 안 된다. 관계를 키우면 부탁의 크기는 자연스럽게 커진다. 그때야 비로소 부탁하는 관계가 형성된다.

부탁에도 품격이 있다. 부탁을 하는 사람은 말로 하지만 들어주는 사람은 시간과 마음, 노력을 들인다. 공들인 만큼 부탁할 때는 품위를 지켜야 한다. 만날 때마다 부탁만 하냐?라는 말보다 부탁을 들어줄 수 있어 뿌듯하다는 말을 들어야 한다. 부탁하고 좋은 말을 들으려면 부탁의 크기를 생각해야 한다. 특히 사업상 부탁은 인간관계의 크기보다 부탁의 크기가 작을수록 좋다. 받는 입장에서 '이 정도 부탁은 아주 가능해.'라고 생각하거나 '이런 부탁은 그냥 들어줄 수 있어.'라는 기분이 들 정도의 크기가 적당하다.

역지사지하는 마음으로 부탁해야 한다. 이런 부탁 나는 들어줄 수 있는가? 입장 바꿔서 생각해야 한다. 상대의 관점에서 가능한지를 먼저 생각해야 한다는 것이다. 지금의 상황, 친밀도 등을 고려한다. 부탁은 항상 상대방의 입장에서 생각하면 부탁의 크기를 조절할 수 있다.

부탁하기 위해선 부탁할 사람에게 지속적인 관심을 가져야 한다. 그에게 필요한 것이 무엇인지 파악해 부탁을 들어줄 수 있어야 한다. 일방적으로 부탁만 하는 사람은 인간관계도 끊긴다. 끊어진 인간관계의 회복은 쉽지 않다.

10년 동안 기업을 운영하면서 주위 사람들에게 많은 부탁을 했고, 들어주기도 했다. 도움을 주고받으며 나름대로 기업을 오래 운영했다. 이 순간에도 부탁을 아무 조건 없이 들어준 많은 이들에게 고마움이 느껴져 가슴이 뜨거워진다. 크로스 비즈 1인 창조기업지원센터의 김명호 센터장은 "도움이 필요하면 언제든지 써먹어. 나 같은 사람 자주 써먹어야 해."라고 말한다. "너의 부탁은 언제든지 들어줘야지. 네가 부르면 강사료가 없어도 가야지."라는 정태성 총장의 말은 언제나 힘이 된다.

기업의 성공은 관계와 부탁 속에서 형성된다. 우수한 실적 달성이 성공의 기준이 되겠지만 다양하고 괜찮은 사람들이나 기업들이 주변에 얼마나 많은지가 더 중요한 척도다. 결국 많은 실적은 그들에 의해서 생기기도 하기 때문이다. 성공하는 기업은 관계를 소중하게 생각한다. 다양한 관계 속에서 부탁하고 들어준다. 기업이 성장하면 할수록 관계에서 일어나는 부탁이 다양해진다. 기업가에게 있어 부탁은 성공을 위해 꼭 필요한 자질이다.

부탁을 들어준다는 건 쉬운 일은 아닙니다. 더군다나 부탁하는 사람은 잊어버리지만 들어준 사람은 잊지 않습니다. 관계에서 도움에 대해 대가는 존재합니다. 기껏 부탁을 들어줬는데 받은 사람이 고마움을 몰라주면 서운합니다. 부탁을 들어준 사람에게는 꼭 고마움을 표현해야 합니다. 그래야 관계의 크기가 커집니다. 하지만 부탁한 사람에게 감사의 인사를 받지 못하였다고 실망하지 마시기 바랍니다.

중국 제나라의 재상 맹상군이 어려움에 부닥쳐 자신이 돌봐준 많이 식객들이 떠나는 걸 보고 분개할 때 풍환이라는 사람이 달래면서 "사람들은 자기가 원하는 물건이 있을 때 모여들고, 없으면 떠나버립니다. 그들에게 은혜라고 생각하지 말고 베푸십시오. 그렇다면 그들은 떠나지 않을 것입니다. 사랑을 베풀면서 대가를 바란다면 그 사랑이 미움으로 바뀔 수 있습니다."라고 말했다고 합니다. 부탁도 때로는 아무 조건 없이 해줄 때 더욱더 빛이 나는 겁니다.

DNA가 다른 사람들을
만나야 회춘한다

지갑 속에 소중하게 간직한 메모지가 있다. 창업 초기 스타트업 교류의 밤 행사에 초대되었을 때 포춘 쿠키 속에 있던 종이다. 내용은 이렇다. '회춘이 필요한 시기입니다.' 문구가 낯설지 않아 간직하게 되었다.

사업에 실패하고 보험 영업을 하던 무렵이다. 두 달이 되도록 실적이 오르지 않았다. 가지고 있던 수백 장의 명함을 꺼내 전화를 걸기 시작했다. 대부분 바뀐 번호이거나 없는 번호다. 몇 년 동안 사람들과 연락을 끊고 지냈으니 그럴 만도 하다. 전화기 목록에 저장된 친구들로 시선을 돌렸다. 명함에 비해 최근에 만났던 사람들이다. 그들과 통화하면서 친구 목록이 점차 줄기 시작했다.

그 모습을 본 팀장은 "지금 너에게 필요한 것은 회춘이야."라고 말했다. 보험설계사들은 자기 인맥으로 어떡해서는 버텨낸다. 길면 1년 보통은 몇 개월 안에 인맥 바닥을 드러낸다. 대부분 자신의 인간관계를 '끈끈한 관계'라 믿지만 내 마음 같지 않다. 이해관계를 드러내는 순간

끈끈한 관계는 꺼림칙한 관계가 된다. 그 순간 마음 한구석에 나쁜 인간이라는 폴더를 만들게 된다. 보험 세계에선 그때가 회춘할 시기다. 회춘을 잘하면 수수료가 높아진다. 높은 수수료는 억대 연봉을 꿈꿀 수 있게 한다. 억대의 수수료를 받는 모든 FP는 회춘에 도가 튼 사람들이다. 그들에게 회춘의 비법을 물어보면 모두 같은 대답을 한다. "다양한 사람을 만나라."

　성장하기 위해서는 관계의 회춘은 필요하다. 관계가 낡으면 사업에 필요한 다양성도 줄어들기 때문이다. 많은 사람과 교류하는 걸 관계의 회춘으로 생각하는 집단이 있다. 창업가들의 모임이나 최고경영자 과정의 모임이 그렇다. 그들이 행사에 참석하는 이유는 다양한 사람을 만나기 위해서다. 하지만 양보다 질이 중요하다. 창업가는 의식적이라도 다른 사람을 만나야 세상을 보는 눈이 커진다.

　오큘러스(oculus)의 공동창업자이자 볼레 크리에이티브의 서동일 대표는 자신의 저서 《그건 내 인생이 아니다》에서 이렇게 말했다. "의식적으로 노력하지 않으면 고만고만한 의견을 가진 주위 사람들만 만나게 된다. 고만고만한 사람들을 만나 고만고만한 불평과 절망을 한다. 희한하게도 학생들은 학생만 만나고, 취준생은 취준생만 만나고, 직장인은 자기 직장 사람들만 만난다."

　같은 부류의 만남을 통해서 도움이나 조언을 받을 수는 있겠지만 세상을 보는 눈은 키울 수 없다. 틀에서 벗어난 사고를 하기 위해서는 나와 다른 분야의 사람들과 교류해야 한다. 창의적인 생각은 DNA가 다른 사람들과의 교류 속에서 발현되기 때문이다. 여러 분야의 사람들과 폭넓은 교류는 기업 성장에 필수 요소다.

피터 드러커는 "지식혁명은 다른 지식과의 만남을 통해 이루어진다."라는 말을 했다. 그만큼 관계의 회춘이 중요하다는 말이다.

나는 사람들을 만나는 것을 좋아한다. 성향이 그렇기도 하지만 다양한 사람들과 어울리는 것에 대해 즐거움을 느낀다. 대학을 졸업한 지 30년이 되었지만, 대학 캠퍼스에 자주 간다. 둘째 딸아이보다 어린 후배들을 만나기 위해서다. 일부러 대학 캠퍼스 안에 사무실을 마련한 적도 있었다. (요즘 대학 내 BI 센터들이 많다.)

어린 후배들은 형, 오빠라 호칭한다. 선생님, 선배님 그런 호칭은 경멸한다. 작가, 배우, 예술하는 사람, 목사, 신부, 스님, 기업인, 방송인, 정치인, 일일이 거론할 수 없지만 만나는 사람들도 다양하다. 사람 부자다. 다양한 사람을 만나면서 기회도 많이 얻었다. 꿈도 가지게 되었다. 그들과의 교류를 통해 신박한 기획도 했다. 부산 10대 창조기업에 선정된 것도 다른 분야의 사람들과 교류 속에서 얻어진 결과다. 기업 성장의 힘도 되었다. 다양한 교류 속에 사람 보는 안목도 생겼다. 10년 동안 기업을 성공적으로 운영하게 된 것도 그들 덕분이라 해도 과언은 아니다.

인간관계도 나이를 먹고 늙는다. 관계가 노화되면 고루한 생각만 하게 된다. 1인 기업가에게 고루한 사고는 적이다. 창의적인 기업가는 뇌가 젊어야 한다. 섹시한 뇌를 가져야 성공한다. 진정한 관계의 회춘은 DNA가 나와 완전 다른 사람을 만나는 것이다.

222

그들은 기업가일 수도 있고 노점을 하는 시인일 수도 있다. 낮에 편의점에서 열심히 아르바이트하는 배우일 수도 있고, 클럽에서 노래하는 재즈 가수일 수도 있다. 그들이 어떠한 일을 하느냐가 중요한 것은 아니다. 어떠한 마음으로 온기를 나누느냐가 훨씬 더 중요하다. 그 속에서 돈보다 값진 것을 얻는다. 용기와 힘이다. 당신은 어떠한가? 지금 회춘할 시기인가? 회춘이 필요하다면 지금 당장 다른 사람들을 만나야 한다.

〈Tip & Talk〉

애플의 CEO 팀 쿡은 "스스로 외딴섬이 되지 않는 것은 대단히 중요하다. 특히 이것은 CEO가 가장 중요하게 생각해야 할 점이다."라고 말합니다. 다양한 인간관계를 형성하지 못하면 경영자는 외딴섬처럼 고립됩니다. 성공한 기업가들의 공통점은 인생의 폭이 넓다는 점입니다. 다양한 사람을 만났기 때문입니다. 다양한 업을 가진 사람을 만나면 견문이 넓어집니다.

제 주위에 이런 분들이 계십니다. '저 사람은 왠지 불편해서 못 만나겠어.', '저 사람은 나이 많아.', '저 사람은 너무 어려서 말이 안 통하고 답답해.' 이런 생각으로 사람을 만나면 만날 사람은 없습니다. 나와 같은 생각을 하는 사람을 만난다는 것은 어려운 법입니다. 그러나 일단 만나보면 이해하고 포용하게 됩니다. 그래야 인격의 폭을 넓힐 수 있습니다. 기업가는 나이 들수록 다양한 사람들을 만나야 합니다. 그래야 고루한 생각을 하지 않게 됩니다. 지금 내 주위의 관계가 뻔하고 좁다고 느껴지면 회춘할 시기입니다.

관심에 관심을
가져야 한다

심근경색으로 병원에 입원했을 때 일이다. 집중 치료실에 들어간 지 열흘 만에 일반 병실로 옮겼다. 수액을 바꿔주러 온 간호사는 혈변이 있다고 나에게 말했다. 내시경 검사 결과 대장에서 조그마한 용종 3개가 발견됐다. 심각한 것은 아니라는 거다. 추후 제거하면 된다는 의사 소견이다. 중한 증세가 아니라는 말에 안심이 되었다.

그런데 나도 몰랐던 혈변을 간호사는 어떻게 알았을까? 궁금해 간호사에게 물었다. "환자에 관심이 많아서예요."라는 대답과 함께 갈아입은 환자복에서 보게 되었다는 얘기다. 불편한 몸 때문에 환의하고 병실 침대에 그대로 방치한 것을 본 모양이다. 세심한 관찰력이다. 간호사는 환자들에게 관심을 가져야 하는 것은 당연한 일이다. 환자가 밥을 얼마큼 먹었는지, 소변 색깔과 양은 어떤지, 몸 상태는 양호한지 그런데 간호사 소명이라 하기에는 벗어난 관심도 가져야 한다. 그래야 환자 상태가 호전되기도 한다. 심지어 환자의 생명도 살리기도 한다. 간호사의

1인 기업으로
다시 창업했습니다

세심한 관심 덕에 용종을 제거할 수 있었다. 심장도 빨리 호전됐다.

관심은 관찰에서 생긴다. 유튜브를 이용하다 보면 '회원님을 위한 추천 동영상'이라 알려준다. 인터넷 포털이나 쇼핑몰에서도 '최근 회원님이 본 상품'이라며 상품을 추천해 준다. 넷플릭스도 마찬가지다. '회원님이 좋아할 만한 추천 영화'라며 영화 추천도 한다. 데이터도 나를 관찰하고 관심을 가지는 시대다. 이런 시대에 나의 '관심 촉'은 얼마큼 발달하여 있는가?

컨설팅 기업인 IDEO(아이디오)의 창업자 톰 켈리는 "당신이 아끼는 것에 집중하라. 하지만 관심이 거기에만 국한되어서는 안 된다. 새로운 잡지도 구독하고, 현재 생활과 무관한 주제를 다루고 있는 동영상도 보고, 비록 생소한 분야라 해도 권위자들의 강의에도 참석하고, 오디오북도 듣고, 흥미로운 정보를 수집하는 사이트를 방문하라."라고 권한다.

다른 곳에 관심과 호기심을 기울일 때 혁신적인 생각이 발현된다고 이야기하고 있다. 아인슈타인도 마찬가지다. 자신의 탁월한 장점이 무엇인지 묻는 말에 "나에게 특별한 재능은 없다. 단지 모든 것에 호기심을 가질 뿐이다."라고 답했다. 끊임없는 호기심과 관찰 때문에 탁월함의 경지에 이르게 되었다는 말이다. 비범한 사람은 대수롭지 않게 여기는 생각을 그냥 지나치는 법이 없다. 사소한 생각도 깊은 관심을 가지고 관찰한다. 그래야 특출해진다.

내가 하는 일은 폭이 넓다. 일에 대한 행동반경이 넓은 만큼 관심의 폭도 넓을 수밖에 없다. 그래서 주변 사소한 것에도 관심을 가진다. 영화, 책, 음악, 전시, 디자인, 사람까지도 관심을 가진다.

영감을 얻기 위한 노력이다. 관심이 깊어진 탓에 영화나 음악은 보고 듣는 것에서 끝나지 않았다. 영화는 천 편 이상을 모았고, 음반은 수천 장이나 가지고 있다. 보고 듣는 안목이 높아져 평론도 가능하다. 심지어 관련 자료들도 몇 상자다.

특히 책에 관한 관심은 요즘 들어 부쩍 높아졌다. 깊어진 관심은 작가들을 사귀게 했다. 이젠 글도 웬만큼 논리적으로 쓴다. 책 출간 결심도 관심에서 비롯됐다. 디자인도 보는 것, 하는 것, 초보 수준 이상이다. 모든 것에 관심을 가지다 보니 어느덧 준전문가 수준에 이르렀다. 호기심으로 가득 찬 영감은 색다른 아이디어가 돼 용암처럼 솟구쳤다. 1인 기업을 10년 동안 운영하며 굵직한 기획만 300건의 이상을 기획했다. 그중 관심에서 얻은 영감으로 기획한 일은 절반을 차지한다.

행사 장비를 대여하는 제일종합렌탈의 정재일 대표는 사람에 대한 관심이 많은 기업가다. 그는 모든 거래 업체 대표에게 관심을 가진다. 나에게도 명절 때마다 손편지와 함께 와인 선물을 한다.

몇 년째 그와 거래하지 않고 있어도 때가 되면 사무실에 선물이 도착해 있다. 내 생일날에도 어김없이 선물이 집으로 배달된다. 미안한 마음에 어느 날 그에게 전화를 걸었다. "대표님! 잊지 않고 손편지와 와인을 주시니 한편으로는 감사하고 미안합니다."라는 말을 전했다. 거래도 하지 않은 기업에 관심을 표하니 어찌 미안한 마음이 들지 않겠는가?

미안해하는 말에 그의 대답은 이랬다. "아닙니다. 오랫동안 저희와 함께하셨으니 보답은 해야죠, 그리고 필요하시면 언제든지 불러주세요. 언제든지 대표님과 함께하겠습니다." 얼마나 감동적인 대답인가. 관심이 없으면 하지 못하는 일이다. 몇 년 동안 거래하다가도 잠시 소홀했다고 관계를 끊어버리는 냉정한 비즈니스 관계에 그의 그런 관심이 고맙게 느껴졌다. 얼마 전 제법 큰 행사를 맡게 되었을 때 그에게 행사를 맡겨 체면치레를 하게 되었다.

기업가는 사람에 관한 관심을 가져야 한다. 그리고 사람의 마음을 얻어야 한다. 사람과 사람 사이에서 일이 있기 때문이다. 기업은 사람의 마음을 얻거나 주지 못하면 성장하지 못하는 게 불변의 진리다. 미국 화장품 회사 메리 케이의 CEO 메리 케이 애시는 사람에 관한 관심에 대해 이렇게 말했다. "나는 사람들을 만나면 그 사람의 가슴에 나는 관심 받고 싶다는 목걸이가 걸려 있다고 생각하고 사람을 대한다." 사람에 관한 관심 정도에 따라 성공 여부도 판가름난다.

기업가마다 관심을 기울이는 대상과 크기는 다르다. 성공적인 기업가들은 공통적으로 관심에 관심을 둔다. 비즈니스의 새로운 원동력이기 때문이다. 요즘 같은 시대에 관심을 얻고, 가지고, 잘 다루는 능력은 필수적이다. 관심을 관리하고 경영하지 않으면 기업은 도태된다. 기업이 성공하느냐 실패하느냐를 결정짓는 가장 중요한 요소는 관심을 두고 경영하는 것이다.

미국의 소설가 헨리 밀러는 관심에 대해 이렇게 이야기했습니다. "눈에 보이는 대로의 삶, 사람, 사물, 문학, 음악에 관심을 가져라. 풍요로운 보물과 아름다운 영혼, 흥미로운 사람들로 넘쳐나는 세상에 가슴이 뛴다." 이 말은 모든 것에 관심을 가져야 한다는 이야기입니다. 1인 기업을 성장시키는 방법도 마찬가지입니다. 끊임없이 다양한 것에 관심을 가져야 합니다. 그리고 관심을 주는 사람들에게 적극적으로 표현해야 합니다. 난 관심에 두고 있는 사람들에게 자주 전화합니다. 그리고는 관심을 표현합니다. "대표님 잘 지내시죠?", "혹시 제가 도와줄 일이 없나요?" 표현과 관심을 가졌을 때 많은 일을 했기 때문입니다.

내가 아니면
안 된다?

어느 영화감독에게서 들은 얘기다. 배우 박중훈은 공부와 다양한 경험을 쌓고 싶어 미국 유학을 떠났다. 당시 영화 〈나의 사랑 나의 신부〉가 흥행에 성공해 배우와 광고모델로 승승장구하던 때였다. 유학을 떠나며 영화계를 걱정했다. '내가 빠진 영화계는 어떻게 될까?'라는 생각을 했다. 한국 영화계에서 자신이 대단한 존재인 줄 알았던 모양이다. 괜한 걱정이었다. 그 없이도 한국 영화계는 너무 잘 돌아갔다. 심지어 그해 한국 영화 르네상스 시대의 원년이 되기도 했다.

임권택 감독의 영화 〈태백산맥〉의 염상구 역을 제의받았을 때도 마찬가지였다. 다른 영화의 일정과 겹치는 바람에 배역을 맡을 수 없게 되었다. 역시 '그 역할에 나만 한 적격자가 또 있을까.'라고 생각했다. 헛된 생각이었다. 염상구 역을 맡았던 배우 김갑수 씨는 각종 영화제에서 상을 휩쓸었다. 또한 자신의 코믹 연기에 싫증을 내는 팬들을 위해 코미디 영화 출연을 자제하기로 했다. 마음 한구석엔 한국 코미디 영화가 주춤

하지 않을까 우려했다. 하지만 이것은 기우에 불과했다. 〈넘버3〉, 〈반칙왕〉에서 코믹함으로 무장한 배우 송강호가 나타났기 때문이다.

"내가 아니면 안 된다는 생각은 오만한 생각이다. 오만은 자만의 선봉이고, 실패의 인도자다." 이 말은 창업기업 경영자 대상으로 하는 강연에서 주로 하는 말이다. 모든 창업가는 '내가 아니면 기업이 안 돌아간다.'라는 생각을 한다. 그런 믿음은 기업성공에 필수적이다. 그런데 믿음이 과하면 독선주의적 사고가 높아진다. 기업가가 독선적 사고를 갖는 순간 아집(我執)이 생긴다.

얼마 전 구청으로부터 해운대 해변 라디오를 위탁받았을 때 일이다. 선정위원회로부터 위탁 결정이 나고 몇 시간 뒤 SNS가 떠들썩했다. 전 운영자가 공모에 떨어진 배경을 SNS와 유튜브에 올렸기 때문이다. 내용은 이렇다. 정치적 성향 문제로 떨어졌다고 했다. 또한 현 구청장을 옹호하는 실력 없는 업체가 위탁받았고, 그런 식으로 업체를 선정하는 것은 옳지 않다고 했다. 울면서 자신의 만든 기획물은 다른 업체가 운영해서는 안 된다고 했다. 한마디로 해변 라디오는 자신이 아니면 운영이 되어서는 안 된다는 이야기다. 어이가 없었다. 오만한 아집이다.

나는 그를 해운대 코미디 극단을 기획해 단장이란 직함을 달게 해주었다. 그 덕에 구청의 도움도 많이 받아 인지도를 쌓게 했다. 존재감이 없던 개그맨에서 잘나가는 이벤트업체 대표가 되어 지역 문화 놀이센터를 운영하기도 했다. '저렇게 지자체를 욕하면서 후원금을 받고 싶을까?'라는 생각도 들었다. 해변 라디오를 운영하면서도 그를 추종하는

1인 기업으로
다시 창업했습니다

사람이 공연하는 사진을 SNS에 올리고 비방했다. 사과를 받으려 통화를 시도해도 받지 않았다. 심지어 미안하다는 말도 없이 지금도 사람들과 지자체를 비방하고 다닌다. 하지만 지역민들은 그의 말을 신뢰하지 않는다. 지역 문화 업계에서도 그를 사람 취급하지 않는다. 동료 개그맨들조차 그와 거리를 둔다.

잘나가는 경영자는 오만할 확률이 높다. 모든 일들에 성공했기 때문이다. 자신감을 갖는다는 것은 도전하는 기업가로서 당연하다. 그러나 강한 자신감은 자만심을 부른다. 자신이 유능하므로 모든 일을 성공시켰다는 생각에 사로잡히기 때문이다. 특히 한 분야에서 탁월한 실적을 거둔 기업가들은 집착이 강하다. 강한 집착을 가진 기업가는 그동안 쌓은 실적에 만족하고 자기 경영 방법이 우수하다고 믿는다. 자만심이 생겨서 그렇다. 강한 자만심으로는 기업을 변화시킬 수 없다. 과거 성공 경험에 집착해서다. 업적에 매몰되어 모든 것을 잘할 수 있다고 생각한다. 오만함이 생기는 순간이다. 그러니 다른 경쟁 업체는 보이지 않는다. 오히려 경쟁자를 깎아내린다. 아집(我執)은 이때 생긴다.

《논어》자한(子罕) 편에는 "자절사 무의 무필 무고 무아(子絶四 毋意 毋必 毋固 毋我)"라는 구절이 있다. 풀이하자면 공자께서 절대 하지 않은 4가지는 사사로운 뜻을 갖는 일이 없으셨고, 기필코 해야 한다는 일이 없으셨으며, 무리하게 고집부리는 일도 없으셨고, 내가 아니면 안 된다는 생각을 갖지 않으셨다는 말이다. 그중 무아(毋我)가 눈길을 끈다. 나도 그 부분을 적극 지지한다. 내가 아니면 안 된다는 생각은 자기 것만 생각하는 아집(我執)이다. 자신만을 내세우는 아집(我執)은 오만함이다. 구절은 "성공하려면 함께 머리를 맞대고 협력해야 한다."라고 가르치고 있다. 무아(毋我)는 오만함을 없애고 자신을 성숙시킬 수 있는 근본적인 태도다.

청룽 그룹의 리카싱 회장은 아시아 최고 갑부다. 그는 스스로가 오만해지지 않기 위해 마음 자세를 수치화해 평가할 수 있는 '자부지수(自負指數)'라는 4가지 평가 방법을 만들었다. 내용은 이렇다. '교만해진 것은 아닌지, 타인의 지적을 들으려 하지 않는지, 내 언행의 영향을 따지지 않는지, 예상되는 문제와 해법을 미리 세워놓고 토의하는지'다. 4가지를 자문자답하면서 오만에 빠지는 것을 방지했다.

'내가 아니어도 된다.' 겸손한 사람들의 생각이다. 겸허한 사람은 다른 사람을 쉽게 비난하지 않는다. 자신의 공도 주변 사람들에게 돌린다. 떠날 때를 알고 물러나는 용기도 있다. 멀리 내다보기 때문이다.

아마존의 창업자 제프 베이조스가 그렇다. 57세의 나이에 최고경영자 자리를 내려놓았기 때문이다. 최고 절정에 있는 자리를 버리고 떠나기란 쉽지 않다. 온라인 쇼핑몰에서 유통, 물류, 디지털 콘텐츠, 우주 개발에 이르기까지 진출하는 분야마다 최고의 기록을 세웠다. 그는 "아마존은 혁신 때문에 존재하며 우리는 정말 미친 일들을 함께했다. 지금 아마존이 가장 혁신적인 시기이며 CEO 교체가 이루어질 적기라고 생각한다."라고 떠난 이유에 대해 말했다.

이형기 시인의 '낙화'에는 '가야 할 때를 알고 가는 이의 뒷모습은 얼마나 아름다운가.'라는 구절이 있다. 그러나 불행하게도 기업가들은 그렇지 못하다.

몇 년 전 제조경영자 모임에 강연하기 위해 참석하게 된 일정이 있었다. 테이블에는 제조 스타트업 5년 정도 운영한 경영자들과 동석하게 되었다. 그중 한 대표가 명함을 건네며 자신의 사업을 소개했다. 그는 첨단 부품을 국산화에 성공했고, 국내 시장 점유율이 높아 수출이 잘되고 있다고 했다. 며칠 뒤 그 기업을 방문할 기회가 생겼다. 기업과 공장의 규모는 꽤 컸다. 공장 곳곳에는 정밀도가 높은 가공 기계들이 가득했다. 대표는 여기서 생산되는 부품은 자신이 아니면 아무도 만들어 내지 못한다는 자부심을 피력했다. 그래서 일거리는 끊이지 않는다고도 했다. 고정 거래 업체도 많아 장래가 밝아 보인 기업이었다. 몇 년 뒤 그 기업 근처에 갈 일이 있어서 일부러 그 기업을 다시 방문했다. 하지만 그 기업과 공장은 온데간데없었다. 근처 식당 사장님께 어찌 된 상황인지 물었다. 잦은 클레임과 더 우수한 동종 업체의 제품으로 인해 거래처가 끊겨 부도가 났다는 것이다. 자신만이 만들어 낼 수 있는 것으로 오래가던 시절이 있었지만, 경쟁 업체가 품질을 개선하는 순간 기업은 생존할 수 없게 된다.

기업가는 슈퍼히어로가 아니다. 특히 1인 기업가는 슈퍼히어로가 될 수도 없다. 내가 아니면 안 된다는 생각으로 기업을 운영하는 것은 옳지 않다. 기업가는 일과 자리가 영원하기를 바라지만 기업 환경은 항상 변화한다. 영원한 일과 자리를 보전받기란 어려운 시대다. 요즈음 같은 시대에 기업가는 성숙해야 한다. 세상에 혼자 이뤄낼 수 있는 일은 많지는 않다는 사실도 알아야 한다. 생존을 위해서는 반드시 독선과 오만을 버려야 한다.

배우 박중훈은 자신의 오만함을 반성하며 "뛰어난 운동선수 한 명이 국가대표팀을 떠난다고 해서 국가대표팀을 구성 못 하는 것은 아니다. 유능한 기업가 한 명이 경영을 그만둔다고 해서 기업이 망하지도 않는다. 똑똑한 정치가 한 명이 은퇴한다고 해서 나라가 망하지도 않는다. 그들의 탁월한 능력 때문에 당장은 다소 불편할 수 있겠지만, 조금 지나면 오히려 더 나은 사람이 나타날지도 모른다. 사람이 '내가 아니면 안 된다.'라는 망상에 빠질 때 독선가 혹은 독재자가 된다."라는 말을 했다. 배우 활동은 줄었어도 절대 거만하지 않으려고 그는 노력한다.

〈Tip & Talk〉

"일이든 자리든 영원한 것은 없다. 언젠가 내려놓아야 한다." 스승으로 모시는 일운(一雲) 스님의 말씀입니다. 스승님은 내게 늘 방하착(放下着)하라고 하셨습니다. 이 말은 마음속에 도사리고 있는 온갖 욕망과 집착을 모두 내려놓음으로써 번뇌와 고통으로부터 해방되라는 부처님의 가르침입니다.

스님은 "기업가일수록 방하착해야 한다. 그래야 진정한 성공에 이를 수 있다."라고 말씀했습니다. 첫 창업으로 단기간 사업을 키워 무리하게 확장했습니다. 오만해지니 나 이외에는 보이지 않았습니다. 성공은 교만해지기 좋은 상태입니다. 아놀드 토인비는 "성공한 자는 도덕적 균형을 상실한다."라고 얘기했습니다. 모든 기업가가 균형을 잃어버리지는 않습니다. 다만 성공에 가까워질수록 오만함을 경계해야 합니다. 경계하지 않으면 기업으로서는 실패할 확률과 개인으로서는 불행한 종말을 초래하게 됩니다.

1인 기업으로
다시 창업했습니다

베푸는 사람이
오래 생존한다

　1인 기업을 창업하고 지금까지 많은 1인 기업가들을 만났다. 주위에도 온통 1인 기업가다. 그들의 경영 방식에는 두 부류가 있다. 이기적 경영과 이타적 경영이다. 그런데 10년 동안 같이 생존하는 기업들을 보면 이상하게도 남을 먼저 생각하는 기업가들이다. 창의적이고 의미 있는 일에서 얻어지는 수익이나 영향력을 사회에 되돌려 준다. 이타적 경영은 손해라는 위험을 동반하지만, 장기적으로는 성공의 힘을 발휘한다.

　데일 카네기는 "이타적인 사람이 경쟁에서 승리한다. 세상은 자기 이익만을 추구하는 사람들로 넘쳐난다. 그렇기에 오히려 이타적인 마음으로 타인을 도우려 노력하는 극소수의 사람들이 압도적으로 유리하다. 경쟁 상대 또한 드물어 수많은 기회가 주어진다."라는 말을 했다.

　와튼 스쿨의 그랜트 교수는 이타적인 사람이 성공한다고 자신의 저서 《Give and Take》에서 주장했다. 또한 인간관계에서 사람들은 3가지 유형으로, "주기를 좋아하는 기버(giver), 준 것보다 더 많이 받기를 바라는 테이커(taker), 받은 만큼 되돌려주는 매처(matcher)" 중 하나에 속한다고 했다. 당신은 어느 유형에 속하는 기업가인가?

내가 본 기업가 중에 윤소그룹의 윤형빈 대표는 최고의 기버(giver)다. 개그맨이자 격투기 선수지만, 이타적인 기업가다. 최근 또 다른 브랜드 사업인 하이키친(반찬, 밀키트 전문 매장이다.)을 런칭했다. 프랜차이즈 사업을 하게 된 이유는 코로나19로 수익이 줄어 경제적으로 어려운 개그맨 후배들을 돕기 위해서다. 그의 후배를 위하는 마음은 남다르다. 나에게 항상 자신보다 후배들을 자주 섭외해 달라는 요청을 한다. 자신보다 후배들을 먼저 챙긴다. 그의 아내인 개그우먼 정경미는 "후배들을 돌보느라 제 새끼는 안 키운다."라는 말을 할 정도다. 후배들이 수익을 올릴 수 있는 일이라면 어떠한 노력이라도 할 테세다. 주는 것 역시 아끼지 않는다.

몇 년 전 그와 기획공연을 할 때 일이다. 적은 출연료라는 사실을 알면서도 지역 청소년을 위해 공연을 하겠다고 했다. 〈개그콘서트〉팀이 가세했기에 터무니없는 출연료가 걱정되었다. 기획 회의에서 염려스러운 말을 했지만, 오히려 무료 공연을 기획한 나를 더 걱정했다. 공연 당일 지역 청소년과 부모 등 수백 명이 초대되었다. 관객들을 입장시키기 위해 공연장 문을 여는 순간 놀랐다. 그가 입구에서 후배 개그맨들과 함께 입장하는 모든 관객에게 저녁을 해결할 수 있는 음식과 선물을 나눠주는 것이다. 공연기획자로 다양한 사람들을 만났지만 보기 드문 광경이었다. 기획자든 공연자든 제 몫 챙기기에 바쁜 것이 이 업계다. 손해 보는 장사 절대 하지 않는다. 그런데 그는 달랐다. 출연료보다 몇 배의 금액을 지출한 것이다. 이런 사람과 평생 재미난 것을 기획하고 싶다는 생각이 든 순간이었다.

이해린 정리스쿨의 이해린 대표 역시 그런 기업가다. 정리 정돈 업계에선 알려진 공간전문가다. 의뢰한 고객들은 만족도가 높아 이웃들에게 소개한다. 고객들이 마케터인 셈이다. 업계에서 평판이 좋은 이유 중 하나다. "정리의 기본은 베풂이다. 지금 필요 없는 것은 영원히 필요치 않다. 그런 물건은 나누어야 한다. 필요한 사람들에게 나누는 순간 공간이 변한다. 미니멀 라이프는 물건을 사지 않는 게 아니라 자신에게 필요 없는 물건을 나누는 것에서 출발한다. 베풀면 마음과 공간이 넓어진다." 그녀의 말이다. 지론이기에 베풂이 생활화되어 있다. 물건이든 재능이든 아낌없이 베푼다.

얼마 전 일이다. 경제적인 어려움이 심해져 정리 정돈은 엄두도 못내는 사회취약계층에 대해 행정복지센터로부터 도움 요청이 들어왔다. 도움 요청이 들어온다는 위생적으로나 환경 측면으로 매우 열악한 상태란 것을 직감적으로 안다. 이런 환경에서는 아이들조차 키우기 힘들다. 정리 정돈 역시 만만치 않다. 달인들이라도 몇 집 정리하면 현타가 온다. 속사정을 알기에 단단한 각오도 했다. 묵묵히 한 집 두 집 정리한 결과 한 달 동안 수십 세대의 집을 정리 정돈 했다. 만약 수주를 받았으면 몇천만 원의 수익으로 이어졌을 거다. 그런 금액을 포기하고 봉사한다는 건 쉽지 않은 일이다. 그런 봉사를 아직도 꾸준하게 하고 있다. 존경스러운 기업가다.

에리히 프롬은 자신의 저서 《사랑의 기술》에서 다음과 같이 말했다. "세상에 광범위하게 퍼져 있는 오해가 있다. 그것은 '준다는 것은 무엇인가 빼앗기는 것, 희생하는 것'이라고 생각하는 것이다. 그러나 주는 것은 자신의 잠재적 능력을 발현시킬 수 있는 최고의 표현이다. 준다고 하는 행위 자체에서 나의 힘, 나의 능력을 경험하고 그 과정에 내면의 기쁨을 느끼게 된다." 베풂을 실천하는 기업가는 자신보다 남들의 이익에 더 많은 관심을 기울인다. 단순하게 생각하면 손해를 보지만 결과는 손해가 아니다. 오히려 베풂으로써 베풂의 가치를 스스로 깨닫게 된다. 그런 반복적 경험을 통해 타인과 긴밀한 관계를 맺어 정신적 에너지가 긍정적 방향으로 바뀐다. 남을 이롭게 하면서 자신의 이익을 모색하는 방법도 알아간다.

헌츠먼 주식회사의 헌츠먼 회장은 자신의 저서 《정직한 리더의 성공 철학》에서 이렇게 말했다. "내 인생에서 금전적으로 가장 만족스러웠던 순간은 큰 거래를 성사하고 흥분했을 때나 거기서 큰 수익을 올렸을 때가 아니다. 그런 순간은 도움이 필요한 사람을 도와줄 수 있을 때 찾아왔다." 베푸는 사람이 성공하는 이유다.

지금과 같은 4차 산업혁명 시대는 이기적인 기업가보다 사회적이고 관계 지향적인 이타적 기업가가 생존할 확률이 더 높다. 이러한 사실은 심리학자이자 경영사상가인 다니엘 골먼 박사의 저서 《SQ 사회지능》에서 "이기적 유전자가 성공을 이끄는 시대는 지났다."라고 말 한데서 기인한다. 그의 주장에 따르면 21세기에는 이기적 성향의 사람보다 타인의 감정을 헤아리고, 이해하는 능력인 SQ가 높은 사람들이 성공한다고 강변한다. SQ 능력은 후천적으로 길러지는 능력이기에 이기적인 사람들 보다는 이타적인 사람에게 더 많이 존재하는 능력이다.

다니엘 골먼 박사의 명제에 가장 부합하는 기업가는 일본 교세라 그룹 창업자인 이나모리 가즈오 회장이다. 그의 말이다. "이타심으로 경영하면 반드시 성공한다. 경영의 진정한 의미는 틀림없이 이타(利他)에 있다. 직원들이 기뻐할 일을 한다면 그들은 회사를 위해 더욱더 최선을 다할 것이다. 고객이 기뻐할 일을 한다면 고객은 회사를 더욱더 응원해 줄 테고, 회사는 더욱 발전할 것이다." 기업가가 이타심을 갖기란 쉽지 않은 현실이다. 그러나 1인 기업 경영의 근간은 협업에 있다. 1인 기업가는 다양한 역량의 사람들로 구성된 협업 중심의 업무체계를 갖추어야 성공한다. 내가 손해를 좀 보더라도 공동의 이익을 우선시하는 협업 시스템을 구성하면 자기 잠재력을 극대화해 성공할 수 있는 틀을 마련할 수 있다.

⟨**Tip & Talk**⟩

나의 주위에는 베풂이 일상화된 1인 기업가들이 많이 있습니다. 그들과 함께 협업하다 보니 나 역시 베풀 수 있는 기업가가 되어 있었습니다. 베푸는 기업가들이 실패할 거라는 염려는 괜한 우려입니다. 그들은 자신의 이익을 추구하는 데도 적극적입니다. 받는 것보다 더 많이 주되 남에게 끌려다니지 않습니다. 이렇게 해야 베푸는 것을 지속할 힘을 얻기 때문입니다.

헤르만 헤세의 《동방순례》에 나오는 레오의 이야기입니다. 순례자들과 동행하는 레오는 순례자들의 식사를 준비하거나 순례자들의 피로를 풀어주기 위해 곡을 연주하는 등 소위 허드렛일하는 사람이었습니다. 레오는 즐거운 마음으로 순례자들을 보살피고 배려했습니다. 그러던 어느 날 레오가 갑자기 사라지고 말았습니다. 그러자 순례자들은 당황해하며 서로 싸우는 일까지 벌어지게 되었습니다. 그때 순례자들은 깨달았습니다. 레오는 낮은 위치에 있었지만, 순례자들의 진정한 리더였다는 것을.

성공한 1인 창업자가 되고 싶다면 타인을 위해 기꺼이 허드렛일을 마다하지 않았던 레오의 이타적 행동을 되새겨야 합니다.

실패 없는 성공은 없다

이 글을 쓰는 동안 나의 귓가에 늘 맴돌았던 음악이 있었다. 산타나의 음악들이었다. 정확히 말하면 8년 동안 나를 위로해 주었던 몇 안 되는 음악이기도 했다. 그의 음악을 일부러 들은 것은 내가 좋아하기도 하지만 의도적이기도 했다. 그의 삶의 궤적을 따라가 보고 싶어서였다.

그는 1969년 우드락 페스티벌에서 화려하게 데뷔했지만, 1980년대부터 1990년대 말까지 상업적으로 실패를 거듭했다. 전설적인 기타리스트에게도 힘든 시기가 있었다. 아니 10여 년간 계속되었다. 끝이 보이지 않은 블랙홀 속에 혼자 덩그러니 던져져 있었다. 탈출할 방도를 필사적으로 모색했지만 뾰족한 해결책을 찾지 못했다. 도망치듯 칩거에 들어갈 수밖에 없었다. 그런 그는 자신만의 시간을 오롯이 갖고 부족한 것이 과연 무엇인지를 찾아 헤맸다.

1996년쯤에 팬들 기억 속에 잊힌 전설에 한 줄기 빛이 들어왔다. 아리스타(Arista) 레코드사의 사장이자 미국 대중음악계의 파워 맨인 클라이브 데이비스(Clive Davis)가 러브 콜을 보내온 것이다.

그는 "당신은 할 수 있다."라며 카를로스 산타나에게 기운을 북돋아 주었다. 1999년 발표한 음반에 대한 반응은 가히 폭발적이었다. 그래미상 8개 부문을 수상하는 메가톤급 핵폭탄의 위력을 발휘했다. 데뷔 앨범이 빌보드 앨범 차트 2위에 오른 이후, 30년 만에 11주간 빌보드 싱글 차트 1위에 오른 곡을 탄생시켰다. 지금까지도 전설의 활약은 계속되고 있다.

실패하지 않고 잘나가기만 한다면 얼마나 좋을까? 그러나 그렇지 못한 것이 현실이다. 많은 이들이 본능적으로 실패를 두려워한다. 실패는 많은 것을 한순간에 앗아가기 때문이다. 특히 사업에 대한 실패는 불가능에 가까울 정도로 회복하기 힘들다.

내가 그랬다. 사업에 실패하니 선물이 보따리 채 들어왔다. 빚, 마음고생, 잠잘 시간도 없게 만드는 생계형 직업들, 허리 통증, 무릎 통증 등 너무 많은 선물에 정신을 차릴 수가 없었다. 실패가 나를 힘들게 하는 것은 사실이었다. 하지만 놀라운 배움과 성찰의 기회를 준 것도 분명한 사실이다.

실패를 겪고 실의에 빠져 살던 어느 날 '실패를 겪지 않는 사람이 누가 있을까?'라는 생각이 들었다. 그렇게 생각하니 힘이 났다. 사업 실패 후 8년 동안 그런 힘으로 인생 경험을 다양하게 했다. 그 경험은 나의 인생을 크게 변화시켜 주었다. 스스로 일어서는 법을 배웠기 때문이다. 그리고 실패는 인생의 한 부분이라는 것도 알게 되었다. 그 순간 실패는 피할 수 있는 것이 아니라 일생 계속 안고 가는 것임을 알게 되었다. 넘어지면 일어서서 걸어가는 것처럼 말이다.

　창업자들은 실패를 두려워한다. 두려움이 큰 것은 경제적 어려움 때문일 것이다. 그리고 타인의 사례들을 통해 갖게 된, 재기가 불가능에 가깝다는 선입견도 한몫한다. 경제적 어려움은 사랑하는 사람을 잃게 만들기도 한다. 어찌 보면 우리가 말하는 사랑은 안정된 경제적 토대 위에서만 가능한 것인지도 모른다. 그런 점에서 결혼식에서의 맹세가 얼마나 허망한 것인지 알게 된다. 다행히 내게는 힘들 때도 곁을 떠나지 않고 함께해준 아내가 있었다. 참 감사한 일이다.

　힘들거나 실패했을 때 일부러 바다를 찾곤 한다. 서퍼들의 파도 타는 모습을 보기 위해서다. 화려하게 파도를 타는 서퍼들도 물에 수백 번 빠졌을 것이다. 파도를 탈만 하면 빠지고 그런 행동을 반복하다 보면 어느 순간 제법 파도를 즐기며 타게 된다. 서핑을 잘 타는 방법은 따로 없다. 빠지고 넘어져야 한다. 단 한 번에 파도에 올라서려는 요행을 바라는 대신 파도를 온몸으로 익히면서 넘어지고 일어서는 일을 묵묵히 반복하면 되는 것이다. 그래야 파도를 온전히 즐기며 탈 수 있게 된다.

　2018년 평창올림픽에서 알파인 스키 선수들의 경기를 직접 볼 기회가 있었다. 선수들은 저마다의 1분 혹은 2분 남짓한 활강을 통해 그동안 갈고닦은 기량으로 경쟁하고 성적표를 받는다. 때로는 넘어지고 미끄러지기도 하지만 그런 실패의 과정에 자신의 한계를 넘으며 자신의 역량을 한껏 끌어 올린다.

창업자들도 같은 과정을 겪는다. 아니, 겪을 수밖에 없다. 수많은 위기와 실패가 일어나기 때문이다. 실패는 곧 시도를 의미한다. 행동을 해본 사람만이 실패도 성공도 맛볼 수 있다. 때로는 실패의 맛을 보게 되기도 하지만 상상조차 할 수 없는 엄청난 깨달음도 얻게 된다. 성공에 더 가까이 다가갈 수 있는 지혜를 얻을 수 있는 절호의 기회다. 혁신적인 생각은 실패를 반복하면서 얻어진다. 그뿐만 아니다. 실패를 통해 비약적인 성장도 함께 이루어진다.

정호승 시인은 "성공이라는 글자를 현미경으로 들여다보면 그 속에는 수없이 작은 실패가 개미처럼 많이 기어 다닌다."라는 말을 했다. 그런 점에서 실패를 성공의 다른 모습이라고 정의하고 싶다. 성장을 넘어 성공하고 싶다면 실패를 두려워하지 말아야 한다. 실패를 무서워하지 않으면 성공의 파도가 밀려와 당신을 성공이라는 섬으로 데려다줄 것이다.

부족한 글이 책으로 나오기까지 기꺼이 격려와 응원해준 내가 사랑하는 동생 오종호 대표와 나와 함께 일하는 차석호 작가, 해운대 창조비즈니스센터의 한우수 센터장님, 홍순경 매니저님, 해운대 1인 창조비즈니스센터 식구들, 나를 무한으로 응원해 준 모든 분과 그리고 글을 쓰는 동안 나에게 돈 걱정하지 말라고 한 아내에게 특별한 감사의 마음을 전하고 싶다.

끝으로 1인 창업을 하는 모든 창업자의 건승을 빈다.

1인 기업으로
다시 창업했습니다

초판 1쇄 발행 2022. 9. 14.

지은이 정민
펴낸이 차석호
펴낸곳 드림공작소

편집진행 김주영
디자인 최유리

펴낸곳 드림공작소
등록 제331-2019-000005호
주소 부산광역시 남구 수영로 298 산암빌딩 1001-198호 (대연동)

인쇄/유통/총판 주식회사 바른북스
주소 서울시 성동구 연무장5길 9-16, 301호 (성수동2가, 블루스톤타워)
대표전화 070-7857-9719

ⓒ 정민, 2022
ISBN 979-11-91610-04-8 13300